大国形象

Image of a Major Country

如何让国家"靓起来"

董彦峰 曹钰伟 ｜ 著

经济管理出版社
ECONOMY & MANAGEMENT PUBLISHING HOUSE

图书在版编目（CIP）数据

大国形象：如何让国家"靓起来"/董彦峰，曹钰伟著.—北京：经济管理出版社，2023.9
ISBN 978-7-5096-9292-9

Ⅰ.①大… Ⅱ.①董… ②曹… Ⅲ.①国家—形象—研究—中国 Ⅳ.①D6

中国国家版本馆 CIP 数据核字（2023）第 183981 号

组稿编辑：杨　雪
责任编辑：杨　雪
助理编辑：王　慧
责任印制：许　艳
责任校对：张晓燕

出版发行：经济管理出版社
　　　　　（北京市海淀区北蜂窝 8 号中雅大厦 A 座 11 层　100038）
网　　　址：www.E-mp.com.cn
电　　　话：（010）51915602
印　　　刷：唐山昊达印刷有限公司
经　　　销：新华书店
开　　　本：720mm×1000mm/16
印　　　张：10.25
字　　　数：155 千字
版　　　次：2024 年 1 月第 1 版　　2024 年 1 月第 1 次印刷
书　　　号：ISBN 978-7-5096-9292-9
定　　　价：78.00 元

前　言

2022 年 10 月，中国共产党第二十次全国代表大会在北京召开。习近平总书记代表第十九届中央委员会向大会作报告时强调，增强中华文明传播力影响力，坚守中华文化立场，讲好中国故事、传播好中国声音，展现可信、可爱、可敬的中国形象，推动中华文化更好走向世界。

当今世界正在经历百年未有之大变局。随着中国综合国力的快速增长，今天的中国需要与自身综合国力和国际地位相匹配的国际话语权。党的十八大以来，习近平总书记在多个重要场合要求坚定文化自信和建设具有新时代中国特色的对外传播话语体系。

提高中国在国际上的话语权，关键在于讲好中国故事。中国有数千年文明史，既有曲折、悠远的历史故事，也有丰富、精彩的现实故事。中华民族伟大复兴要求中华文明的繁荣兴盛，要求国家文化软实力的提升。但是，中国的对外传播却面临着"中国故事很精彩，中国话语很贫乏"的尴尬局面，以西方为中心的国际话语体系还没有得到根本改变。因此，中国迫切需要构建自己的话语体系，讲好中国故事，让世界更好地了解中国。

当今世界正处于各种文化交流、交融、交锋的时代，文化在综合国力竞争中的地位和作用日渐凸显。在博大精深的中华优秀传统文化中，蕴含着解决当代人类困境的宝贵智慧。中华文化具有"讲仁爱、重民本、守诚信、崇正义、尚和合、求大同"的理念，包含着"天人合一"的宇宙观、"协和万邦"的国际观、

"和而不同"的社会观、"人心和善"的道德观等。当前，全球化进程正在加速演进，各国之间的联系和依赖度日益加深，但同时国际局势风云变幻，不稳定性和不确定性迅速增加。中国倡导的人类命运共同体理念从中华优秀传统文化中所蕴含的全人类共同价值出发，坚持和平发展道路，尊重世界文明的多样性，已经成为中华文化走向世界的一个重要标志。

2019 年，习近平主席在亚洲文明对话大会上提出加强文明交流互鉴的"中国方案"，呼吁各国在构建亚洲命运共同体、人类命运共同体时，要做到"互相尊重、平等相待""美人之美、美美与共""开放包容、互学互鉴""与时俱进、创新发展"。这四点主张体现了中国作为负责任大国的应有担当，为中华文明"走出去"打下了坚实基础。

特别是近年来在新冠肺炎疫情影响下，大国间角力加剧，百年未有之大变局加速演进。国际关系的持续调整、全球经济的长期低迷、意识形态的纷争日益加剧，增加了中国在国际舆论场上建构负责任大国形象的难度。讲好中国故事，传播好中国声音，展现真实、立体、全面的中国显得尤为迫切、重要。随着中国日益崛起并成为有影响力的大国，中国国际形象的建构已成为一项刻不容缓的重大任务。

随着国际交往的日渐频繁，内政和外交之间的关联度越来越高。在经济、军事等硬实力竞争的同时，国与国之间的软实力竞争也日趋激烈。作为建设软实力的有效手段之一，讲好国家故事，塑造好国家形象，越来越受到世界各国的重视。

美国是研究国家形象塑造的主要国家之一。"软实力"的概念是美国哈佛大学教授约瑟夫·奈（Joseph Nye）在 1990 年提出的。从约瑟夫·奈提出"软实力"理念，到奥巴马政府推行的"巧实力"外交，再到拜登政府实施的"国内重建"战略，美国一直致力于国家软实力建设。此外，英国、法国、德国等欧洲大国将国家形象塑造作为国家软实力建设的重要部分。印度、日本、韩国、新加坡等国家也早已将国家形象塑造提上了议事日程,加快了软实力建设步伐。

国家形象塑造是指利用文化、价值观念等形式传播一国的国内国际事务,通过公关传播、公共外交,在与其他国家的交往中改善自身的国家形象,从而形成有利的发展环境。国家形象包括国内民众的认知和国外民众的认知。一个国家的国际形象是一个逐渐塑造的过程。中国的国家形象塑造既是一项当务之急,也是一项长远的发展战略。

塑造良好的国家形象,彰显大国魅力,体现大国担当,是一个国家"软实力"的重要表现,有助于人们克服过度依赖物质性权力来界定国家权力的物质主义和简单化的倾向。

美国国际关系理论大师汉斯·摩根索(Hans Morgenthau)就很重视无形的权力。他强调外交质量、民族性格和国民士气对国家权力的影响。他指出:"在影响国家权力的具有决定性性质的三项人的因素中,民族性格和国民士气是突出的因素,因为我们难以对它们进行合理的预测,也因为它们对于一个国家在国际政治的天平上的重量有着持久、决定性的影响。这里,我们不考虑是哪些因素影响了民族性格的发展这一问题。我们只对这一事实感兴趣,即某一国家比另一国家更经常地显示出某种文化的和性格的因素,并得到较高的评价。"①

约瑟夫·奈的"软实力"思想分析提供了一种分析问题的方法,即分析国家在国际舞台上的权力地位时要有"软实力"的思维角度。通过文化"软实力"进行对外传播,塑造国家形象,进而构建国家品牌,形成国际影响力,获得更多的话语权,成为许多国家的重要任务。

国家软实力的真正力量,在于对别的国家、民族和民众的吸引力及说服力,其最终目的是要让国际社会理解、信任、接受和认同该国的文化、价值观,使国

---

① 张小明. 约瑟夫·奈的"软权力"思想分析 [J]. 美国研究, 2005 (1): 20-36+3-4.

家在国际社会当中拥有更大的竞争优势及话语权，从而在国际交往过程中发挥更大的作用。仅靠军事优势、政治权谋和经济实力，是无法让国际社会来认同一个国家的。

"提高国家文化软实力"作为我国国家发展战略，很早就提出来了，在世界秩序全面洗牌重建、中国全球崛起这一时代背景下，这是中国积极参与世界新秩序的建立、在全球确立中国的文化与价值地位、全面提升中国国际竞争力的重大战略部署。

目　录

第一章　讲好故事，塑造好国家形象

不谋万世者，不足谋一时；不谋全局者，不足谋一域。

——陈澹然《寤言二·迁都建藩议》

作为国家"软实力"的重要内容，国家形象不仅在一定程度上映射着国家综合国力和国际地位，还是谋求和维护国家利益的有力工具，涉及一个国家能否以较少付出和代价实现自己的既定目标。因此，国家形象一直以来都是国际关系中的一个重要变量，对国家间的交往及国际政治格局发挥着一定的调节作用。

第一节　什么是国家形象

"国家形象"起初作为社会心理学概念，由耶鲁大学著名心理学家柴尔德（Irvin Child）在 20 世纪 40 年代提出。柴尔德称"国家形象"为"national stereo-type"，指他者对某一民族国家的印象，本质上是一种与民族文化和国民个性相关的认知行为。

国家形象的概念有广义与狭义之分。广义的国家形象包括对内的本国公众和对外的国际公众对一国在整体上和具体的不同领域、不同维度上的定位、认知与评价；狭义的国家形象则单指对外的国际公众对一国在整体上和具体的不同领域、不同维度上的定位、认知与评价。本书立足于新时代背景下的中国国家形象塑造研究，重点关注外部受众对中国国家形象的多维度、多层次认知情况。因此，本书将国家形象的概念界定为狭义的国家形象范畴。

其实，国家形象并不是一个新概念，古希腊的著名历史学家修昔底德就在对伯罗奔尼撒战争的记述中强调过雅典对荣誉和威望的重视，并由此指出国家追求荣誉和威望等活动与国家安全和国家利益之间有着内在的一致性。换言之，国家塑造国家形象的过程也是确保国家安全和国家利益实现的过程。虽然现代意义上的国家形象早已随着当前国际交往尤其是其中公共外交的发展而被赋予了越来越开放和包容的含义，但各国所推动的本国国家形象的建构与传播无不是围绕国家利益而进行的。值得注意的是，在国家塑造国家形象的过程中，成功的国家故事往往会成为这一过程的重要载体。

一、大国研究

关于大国的研究，其历史是非常久远的。早在人类文明的第一个轴心时代，那些令现代人着迷、备受恩泽的大思想家、大哲学家们，就对大国有着大量论述。老子的"治大国若烹小鲜""无为而治"等阐述了博大精深的思想观点。西方早期的思想家修昔底德等人对大国亦有阐述，修者底德的著作《伯罗奔尼撒战争史》记录了雅典与斯巴达的大国兴衰，保罗·肯尼迪的《大国的兴衰》则总结了公元 1500 年以来大国兴衰的历史，并对"今后世界政治的格局"做了预言。无论是奥古斯汀与阿奎那关于神圣帝国的治理思想，还是东罗马皇帝莫里斯一世的《战略：拜占庭时代的战术、战法和将道》中的军事建国理念，都体现了那个时代人们关于大国成长的理想与观念。

中世纪后，人类开始进入近代社会，"大国"之"国"才有了民族国家的含义，文艺复兴之后西方大国成长的研究，留下的是一条战略、经济与政治融合研究的轨迹。其中出现了很多有名的学者，如马基雅维里。马基雅维里既是一位军事战略家，也是一位政治哲学家。他生逢第一个现代国家雏形的成长初期，是运用民族国家理念进行政治军事研究的第一位大学者，他研究的主要目标在于为意大利的崛起提供思路。因此，他本人算得上是西方大国成长研究的第一人。马基雅维里的《君主论》建议意大利君主放弃帝国的幻想，把民族国家建设作为国家成长的主要目标，加强王权、提高外交能力，特别要深谙政治之道，为了王权与国家的强盛，而不惜使用一切手段。马基雅维里的大国成长研究，典型地反映了大国成长初期综合性研究的特点，至今仍对西方学界产生影响。

马基雅维里之后的西方学者，往往只在某一个方面研究大国成长的条件。例如，布丹与卢梭等强调主权对于国家的重要性；霍布斯、洛克、孟德斯鸠等强调王权的加强、自然状态向公民状态的转变、国家权力的平衡以及现代政治形式的合理性与合法性建设。

黑格尔则认为大国必须要体现一种世界精神，他把拿破仑作为世界精神在法兰西大国成长中的一种外化，并预言普鲁士会成为新的世界精神的寄托者；亚当·斯密的《国富论》很好地论证了如何增加国民财富和促进经济的发展繁荣，并在国防与财富问题上有着深刻的论述；弗里德里希·李斯特的经济学强调国家利益和社会利益，与亚当·斯密的自由主义经济学相左，他认为国家应该在经济生活中起到重要作用，他向世界展示了大国成长的经济周期维度这一全新视角。

早期的国际政治学者大多坚持现实主义的立场，在对大国的界定时强调军事力量对于大国的意义。泰勒认为，"大国的标志就是战争能力"。莫德尔斯基认为，大国"必须能够发动一场霸权战争"；而辛格与托马斯·库萨克认为，一个大国的最显著特征就是拥有"频繁发动战争并赢得大部分战争的能力"。

还有学者认为大国是一个相对的概念。正如德国学者冯·霍尼希所说的，"一个国家当前富强与否不取决于它本身拥有的力量与财富，而主要取决于邻国力量的大小与财富的多寡"。保罗·肯尼迪也有类似的观点。著名学者兰克关于大国的定义也说明了这一点。兰克认为，一个大国"有能力对付其他任何国家甚至其他国家的联盟"。兰克把"大国"等同于"超级大国"甚至霸权国家，而把地区性大国排除在大国的定义之外。

20 世纪 50 年代后，研究一体化与国际社会的国际政治学者们逐渐把视野从单纯的战争能力转向联盟、安全以及战略自主性。哈斯把兰克的定义加以修订，认为大国是指"不能被任何单个的国家打败，却能够被其他强国的联盟所打败的国家"。保罗·肯尼迪亦认为："大国就是一个能够保卫自己，并可对付任何国家的强国。"显然，这些研究反映了 20 世纪五六十年代国际政治的状况，也体现了国家安全研究的繁荣及其巨大影响。

美国国际政治学者利维认为，无论是兰克还是霍夫曼，都过于强调大国提供安全的能力，重视消极性能力有余，而对积极性能力则重视不足。他认为大国之所以为大国，不仅有能力将外来威胁或者损失降至最低点，还必须是收益最大化，并且敢于冒险获取收益。

利维的大国研究的特点之一是强调大国对目标的积极界定，因此他眼中的大国范围比较广，不仅包括法、英、美等公认的世界历史上的霸权国家，还包括意大利、日本等国家；利维的大国研究的特点之二是具有综合性，不但在界定中考虑到了军事力量、战略意志和国家利益目标，还涉及国家间互动，把强国的观念作为大国认知的基础之一，显然比早期研究者更进一步。然而，囿于实证主义的立场，利维未能把大国的社会性含义继续研究下去，不过他从社会互动角度界定大国的思路，被同时代的赫德利·布尔发扬光大。[①]

布尔不仅从军事实力上界定大国，而且把大国放在一个国际社会架构中考察其意义。布尔认为大国是国际社会的重要组成部分，而国际社会是由一系列独立

---

① 郭树勇. 大国成长的逻辑：西方大国崛起的国际政治社会学分析 [M]. 北京：北京大学出版社，2006.

政治实体通过共同的规则和制度互动而形成的一个整体。

二、大国及大国形象的定义

世界大国兴衰史表明，历史上能够担当重任的大国，都曾经以一种符合国际社会要求的形象出现在世界面前。大国形象的培养在大国的成长准备期、迅速崛起期和稳定成长期三个时期显得十分重要，但后两个时期尤为关键。一个很有潜力的国家，如果在成长准备期在某个方面异军突起，快速完成"原始积累"之后成为强国，那么，它要成长为大国，就不得不从一个更加全面的角度来考虑其大国形象设计。

对于大国形象，国内学界似乎尚没有定见。因为"形象"这个词本身就是一个较为模糊的词，把它引用到政治学和国际政治学领域时间并不长，而且大国形象的内容，从根本上讲是国际政治社会学这个新生学科的研究领域。

简单地说，大国形象是指在当代国际社会中，一个大国应该具有的良好精神面貌与政治声誉。一个大国无论在其成长准备期，还是迅速崛起期，或者是稳定成长期，都必须力求保持良好的大国形象，否则它可能就会在国际社会互动中失去影响力，失去软实力。因此，大国形象是大国软实力的重要方面。

大国需要构建软实力，需要形象，更需要营销。大国的定义可谓众说纷纭，但大体上可以归为两大类：

一类指一般大国。譬如《管子》一书提出："地大国富，人众兵强，此霸王之本也。"当代中国学者也认为："大国一般土地辽阔，人口众多，资源丰富，与小国相比，具有生存能力强、战争潜力雄厚、回旋余地大等有利条件。日本学者山本宣吉认为，大国从其意义上来说，是只考虑本国目的（比如，经济发展、就业、物价稳定等），为了实现这些目的，而采用某些财政、金融政策的国家。"山本宣吉强调的是大国具有制定和执行独立经济政策的能力："'大国'即为了实现自己的目标，不接受来自他国的影响（政策效应），相反，本身的行动、政策反而给予他国以极大影响。"而小国则只能在军事上和经济上成为大国的附庸。

另一类则指强权大国、统治大国，或者说领导型大国。德国历史学家兰克在1833年发表的《列强论》一文中提出"大国"的定义是：一个大国"必须能够与其他所有联合起来的大国相抗衡"。根据英国学者怀特的定义，"统治大国"是"拥有超过全部竞争对手之和的力量的国家，无论遇到对手怎样组合发起进攻，都能从容不迫地策划战争的国家"。当今美国的军事预算，超过排在它后面20个国家的总和，当然够得上怀特所谓"统治大国"的标准。乔治·莫德尔斯基则认为，世界大国是世界的主导经济国，是世界经济和世界政治的最重要连接点。"世界大国"主导经济不仅意味着规模（GNP）大、富裕程度（人均GNP）高，而且意味着在技术创新的条件下主导性产业部分生产旺盛，能积极参加世界经济，有足够的支持其履行能力的巨额财力。在制定国际贸易、投资、金融等方面的规则上起决定作用。莫德尔斯基所讲的"世界大国"与怀特所讲的"统治大国"具有同样的含义，也可以称之为世界领导大国。

大国不仅政治、经济、军事等"硬实力"强大，同时科教文卫等文化软实力也强大。美国前助理国防部长约瑟夫·奈在《注定领导》一书中是这样界定软权力的：一个国家在国际事务中通过吸引而非强制就能达到自己的目的的能力，即"罗致行为能力"。一般来讲，软权力发挥作用依靠的是说服别人跟进、效仿或者使其同意遵守由拥有巨大的软力量的国家主导下的国际规则、国际制度和国际体系。新加坡前总理、"新加坡国父"李光耀指出，在当今时代，软功夫即文化影响力，在国际事务中变得与硬功夫同等重要。软功夫只有在其他国家羡慕并想赶超那个国家文明的某些方面时才能获得。而在其他国家这样做之前，该国的文明必须首先被视为优越，它还必须是开放的，乐于接纳而慷慨大方，使人们容易接触其中的知识和文化。

约瑟夫·奈的软实力理论在全球得到广泛回应，不乏对其可测量性、可操作性、生效条件、适用范围的质疑，并存在误读和滥用。软实力理论对国家实力中文化等因素的强调，对中国等文化资源深厚的国家具有借鉴意义。但是需要认识到，约瑟夫·奈的软实力理论着眼于美国在战略收缩背景下如何维系全球领导权，中国则面临不同的语境与诉求，需接入符合自身历史传统、社会现实和未来发展的本土思考框架，规避可能面对的"话语陷阱"，形成独立可行的理论话语和实践路径，尤其是要契合当下文化建设的实际目标。

三、国家形象的定义

关于国家形象的定义，可以从不同的学科去分析，如新闻学、社会学、传播学等。

在以往的国家形象研究中，除"国家形象"这一关键词外，还经常会见到"国家声誉""国家威望""国家品牌""国家认同"等相关概念，由于各自的内涵与外延互有交叠，使用上存在界限不清、相互混用的现象。因此，在开展研究之前，有必要对本书中的"国家形象"概念进行科学界定。主要观点如下：

20世纪50年代，著名经济学家博尔丁用"national image"一词表述"国家形象"。"二战"后美苏冷战开始，考虑到新的国际关系格局，博尔丁认为国际关系可以简化为国家形象之间的关系，国家间的地缘政治以及敌友强弱关系，均可借助国家形象进行分析。博尔丁认为，国家形象是一个国家对自己的认知以及国际体系中其他行为体对它的认知的结合。但博尔丁所说的国家形象，特指国家内部对自身形象的认知、情感和评估。

Scott（1965）认为，一个国家的形象，包含了人们对该国进行思考时认知（或想象）的总体属性，从抽象的含义上来说，包括认知、情感和行为三方面。

管文虎（2000）认为，"国家形象是一个综合体，它是国家的外部公众和内部公众对国家本身、国家行为、国家的各项活动及其成果所给予的总的评价和认定。国家形象具有极大的影响力、凝聚力，是一个国家整体实力的体现"。

程曼丽（2007）指出，国家形象首先是一种主体意识，是国家或民族精神气质中的闪光点。它是在历史文化传统的基础上，融入现代化的要素，经萃取、提炼而成。作为民族精神、意志的集中体现，它不但有助于形成公民对国家、民族的向心力与凝聚力，更有助于向外界展示一个鲜明的、一贯的国家形象。

徐小鸽（1996）对国家形象的定义是"一个国家在国际新闻流动中所形成的形象，或者说是一国在他国新闻媒介的新闻和言论报道中所呈现的形象"，并认为"国际新闻流动是形成国家形象的主要因素"。

杨伟芬（2000）认为，国家形象是"国际社会公众对一个国家相对稳定的总体评价"。

孙有中（2002）认为，"国家形象是一国内部公众和外部公众对该国政治（包括政府信誉、外交能力与军事准备等）、经济（包括金融实力、财政实力、产品特色与质量、国民收入等）、社会（包括社会凝聚力、安全与稳定、国民士气、民族性格等）、文化（包括科技实力、教育水平、文化遗产、风俗习惯、价值观念等）与地理（包括地理环境、自然资源、人口数量等）等方面状况的认识与评价，可分为国内形象与国际形象，两者之间往往存在很大差异"，并认为"国家形象在根本上取决于国家的综合国力，但并不能简单地等同于国家的实际状况，它在某种程度上是可以被塑造的"。

归纳起来可以看出，学术界对国家形象的概念在一些方面已经形成了较为普遍的共识，另一些方面则有较大争议。

在国家形象的评价主体方面，主要有两种观点：一种观点认为国家形象具有内外两面性，即一国内部公众和外部公众的评级和认知都应属于该国的国家形象范畴；另一种观点则强调国家形象的对外性，即他国的或者说国际社会公众对该国的印象和评价才属于国家形象。

在国家形象的构成要素方面，学者理解各有不同：有的认为包括认知、情感和行为；有的强调国家本身、国家行为、国家的各项活动及其成果；有的侧重国家和民族精神、意志；有的将国家形象分为政治、经济、社会、文化、地理五大方面。

在国家形象的实现路径方面，主要包括认知建构、国家实力建构、新闻媒介建构等。

在国家形象的重要性方面，研究者有着较为普遍的共识，认为国家形象有极大的影响力、凝聚力、向心力，良好的国家形象可以帮助更好地实现国家利益，具有重要的政治功能、外交功能、商业功能等。

21 世纪初，瑞士学者布曼融会了社会心理学与经济学中国家形象的研究成果，提出了"四维模式"理论，并将之引入公共外交研究领域。

布曼认为，国家形象包括四个维度，分别是功能维度、标准化维度、美学维度和情感维度。功能维度包括国家治理能力和国际竞争力，体现在经济发展水平、产品和服务的国际竞争力、劳动力市场和教育体系发展水平、政治体系完善程度、科技和研究水平五个方面。标准化维度体现在国家倡导的价值理念上，特别是国家在社会和生态环境方面的责任感。美学维度是人们对国家文化和自然景观的看法和感受。情感维度体现在对某一国家整体的感觉和情感。布曼的研究表明，功能维度、标准化维度和美学维度是人们对国家形象的基本认知，是国家形象情感维度生成的基础，而情感维度则影响国外民众的具体行为。

至此，国家形象的内涵已非常清晰。它包括了个体在三个层面上的一般认知和情感体验。其一是"形"，即对国家真实面貌的自我观察；其二是"象"，即外国观察者脑中所认知的他国形象。在"形"与"象"之外，还有一个本国人想要外国观察者所认知和感受的国家形象，即国家声誉。

在国家形象的构成方面，本书将国家形象分为整体形象和局部形象两大类，其中局部形象又可以具体分为政治形象、经济形象、文化形象、社会形象和国民形象五大类；将国家形象评价主体大致分为政府、媒体、智库与学者、民众四个层面;将国家形象评估指标分为认知度、关注度、认可度、参与度和信心度五个方面维度,在此基础上交互分析不同评价主体下各维度国家形象的具体内容。

国家本体是不断变化的,因而基于国家本体的国家形象是具有流动性的。从"共同演进"论角度来看,作为形象根基的中国国家本体始终在不断发展变化,而形象认知往往滞后于本体的建设发展,加之在高速发展过程中也出现和积累了一些问题,因此,站在全球聚光灯下,中国的发展成就尚未完全展现在世人面前。中国发展中的问题在西方主流媒体的报道中被放大、被误解甚至被歪曲,发展中的问题被转化为中国国家形象方面的问题。同时国家形象是受众心中一种主观的、感性的认知,不可避免会受到文化传统、思维习惯、价值观念、意识形态、个人情感和文化水平等方面的影响,会受到媒体报道、公众舆论等的影响而产生"沉默的螺旋"现象,还会受到形象展现形式、到达范围、传播能力、传播渠道等方面的影响。当前,中国的国家形象与中国发展成就和新时代发展阶段尚不匹配,中国国家形象塑造工作在顶层设计、跨文化传播、自身国际传播能力建设以及国家形象与国家本体"共同演进"过程带来的复杂性方面,面临着诸多困难,存在着一些问题与不足之处。

新时代背景下,国家形象塑造要注重加强顶层设计,形成国家形象战略管理机制;苦练内功,内外兼修,在自身实力发展和积极做出国际贡献的前提下,也要注重加强国家传播能力建设,提升国家形象"自塑"能力和影响力;增强文化自信,进一步推动文化"走出去",展示好文化多样、科技创新的文明大国形象;厚植民间力量,进一步做好"请进来"工作,巩固和推广中国历史悠久、充满魅力的东方大国形象;借助重大国际活动展示中国负责任大国和社会主义大国形象,设置好全球治理议题,扩大国际影响力;重视新媒体传播,加强自主民调建设和智库国际交流合作。

四、国家形象，用实力说话

国家实力，即综合国力，包括硬实力和软实力。

硬实力是指支配性实力，是指看得见、摸得着的物质力量。软实力则是指一个国家依靠政治制度的吸引力、文化价值的感召力和国民形象的亲和力等释放出来的"无形影响力"。

软实力是一个国家除了经济实力外涉及文化方面的力量，具体指文化、教育、法律环境、制度建设、国家的执政能力、管理能力、国民的心态、国民的形象、民族精神的凝聚力和来自文化传统持久的一种对国民的影响力。

要理解软实力，就不能走完全的现实主义的老路。新自由主义在考虑国家利益与国际关系时，引入更加全面、复杂的模型，与现实主义相比它更加关注世界经济活动的变革、技术创新、跨国交往模式、国际规范与制度等，强调国家关系中的交流与合作。另外，全球化的发展、国际格局的变化以及冲突的发展趋势，都使得我们把目光越来越多地投到信息、文化、国际制度等软权力范畴的概念中来。

全球化使得人类在交流上达到了前所未有的高度，随之，经济、文化、思想等方面的信息流动变得规模巨大且迅速，同时国际社会出现了国家以外的新的行为体。虽然军事力量仍是一国最为基础的实力，但"无形的权力"变得越来越重要。具体的软实力包括国家凝聚力、文化与意识形态、国际机制与规则、获取信息的能力、快速应变能力以及组织能力等。恰当地使用软实力，常常可以使国家不必花费更大的资源使用硬实力手段，并且软实力的影响在于软性的渗透与同化，所以也不会像硬实力手段一样招致激烈的冲突。所以在 21 世纪，国家追逐的权力有了新的内涵，这也引发了国家间在新领域上的竞争。不论是各国国内的民族国学受到重视、文化产业发展迅速、国家价值观的提出，还是国际上对信息资源的争夺、文化的输出、共同参与国际制度规则的制定等新表现，都在说明软实力的理论已经在发挥其影响力。

自英国战略家利德尔·哈特（Liddell Hart）提出"大战略"的概念以来，大量学者强调综合运用国家的各种力量来实现其国家政策所规定的战略目标，从而使国家实力的概念从单一的军事因素扩展为多指标的综合因素。

汉斯·摩根索认为，国家实力由如下因素构成：地理、自然资源等物的因素；工业实力、军备等人物结合的因素；人口、国民性、民心、外交质量、政府质量等人的因素。他主张将国家实力作为一个国家推进其对外政策的基础，因而被普遍视为西方国家实力综合性研究的奠基人之一。克莱因（Ray Cline）则指出，国家实力即一国之政府影响他国政府去做本来不愿意为之的某一事情的能力，或者使他国不敢去做本来跃跃欲试的某一事情之能力。肯尼思·沃尔兹指出，国家必须运用其综合实力来维护自身的利益，国家的经济实力、军事能力不能被分割开来加以衡量。国家并不因某一方面实力出众而成为一流强国，一个国家的地位取决于其在如下所有方面的得分：人口、领土、资源禀赋、经济实力、军事实力、政治稳定及能力。西方学者一般在具体意义上使用国家实力的概念，即一个主权国家利用总体资源影响他国的战略能力。阿什利·泰利斯认为，国家实力可以简单地定义为一个国家通过有目的的行动追求战略目标的能力，是两个分量相互作用的产物，即一个国家在给定时间上具有掌握经济创新周期的能力，以及利用这种控制能力形成有效的军事能力，反过来创造一个稳定的政治环境，加强现存的经济优势，为保持国家的战略优势以及从国际体系中获益提供基本条件。国家实力既是衡量一个国家基本国情和基本资源最重要的指标，也是衡量一个国家的经济、政治、军事、技术实力的综合性指标，同时是决定国家形象的主要因素。

一个国家综合国力的强弱，既取决于物质因素，也取决于制度、环境、社会、民族精神等非物质因素。一个国家如果没有与经济实力、资源相适应的经济体制、管理体制、社会环境、民族凝聚力等，或者缺乏对国际环境的应变能力，就无法拥有强大的综合国力。一个国家只有努力提高其综合国力，强化其理论研究和实践探索的能力，才能立于不败之地。综合国力强调国家实力的整体性和系统性，即讲究经济、科技、军事、政治、文化、外交和国民素质等各方力量的合力所产生的系统效应；同时也并不放弃在其中几项根本性的或具有本国特色和优势的重点力量上的集中突破。中国要想成为 21 世纪的世界强国，必须注重综合实力的全面提升和重点突破的有机整合。综合国力竞争战略强调不同时空范畴内竞争与协作的有机统一。在全球经济一体化、区域经济集团化迅猛发展的今天，除了竞争，还需要合作。竞争中的合作、合作中的竞争早就融为一体，并已成为当代综合国力理论研究和实践发展的新趋势。正确把握好这种发展趋势，将有助于我们不失时机地进入世界经济的循环之中，并分享由积极参与国际经济分工与协作带来的重大收益。

斯大林有个著名的论断："落后者是要挨打的。"但是，历史的经验还一再显示，国家实力并不完全代表好的国家形象，或者说好的发展方向。一些发达强国因为政治体制的缺陷，统治者将国家推向战争的漩涡后难以自拔，甚至最后难以自保，沦落为饱尝战争之苦的挨打国家。

国家形象并不仅仅是一个国家实力，尤其是军事实力大小的问题。古往今来的历史概括不出这样的教条：军事实力强大者就形象好，实力弱小者就形象差。迷信这样简单的教条，并用这样的教条指导国家战略是极其危险的。

五、国际地位，决定国家形象

国际地位，主要是指一个国家在国际体系中所处的位置和该国与其他国际行为主体相互联系、相互作用而形成的国际力量对比结构中的状态。

影响一个国家国际地位的因素有很多，主要有内部因素和外部因素。从内部因素来看，主要是综合国力；从外部因素来看，主要包括经济、政治、外交、科技等因素的对比程度。

内部因素主要是指综合国力。综合国力既是政治、经济、科学技术、外交等的综合表现和整体反映，也是一个国家国际地位高低的基础。客观评价一个国家的国际地位，从根本上来说，是基于该国综合国力的强弱。综合国力是一国在一定时期内所拥有的生存和发展的全部实力总和，而国际地位则是一国综合国力在国际舞台上的外在集中表现，可以说两者互为表里。

一般而言，综合国力分硬实力与软实力。硬实力是支配性实力，包括基本资源（如土地面积、人口、自然资源）、军事力量、经济力量和科技力量等，可以量化和统计。软实力则表现为政治吸引力、国家凝聚力、文化认同度、公民素质等。主要采用吸引或说服而非强制或收买的方式，从而影响他人意志和行为。硬实力和软实力有着不同的内涵、特点、表现方式和影响程度，但两者对于评价一国国际地位的强弱都有着不可替代的作用。

硬实力是软实力的物质基础和前提。强大的经济、科技实力等为国家获得政治制度认同、文化认同、国际话语权、公民素质提升等提供了良好的物质条件和发展空间，从而使一国的软实力具备更为广泛的影响力、说服力和吸引力，也可以提升一个国家的国际地位。同时，软实力对促进生产发展和社会进步有着不可替代的作用，是硬实力的补充和延伸。例如，一些在国际上滥用软实力的国家会逐渐失去国际认同和民众拥护，削弱其硬实力的发展空间，导致硬实力越来越失效，从而使得一国国际地位下降。因此，在评价一国的国际地位时，既要看其硬实力，也要看其软实力，还要注重一国硬实力与软实力之间的内在关系。如果一个国家软实力和硬实力相互促进、相互协调，则必定有利于提升一国的国际地位；反之，两者互相干扰、相互牵制，则会削减其综合国力，使其国际地位下降。

注重综合国力的原因主要有两种：一种观点认为，观察一个国家的发展变化，看一两个主要方面就可以了，不必搞得很复杂。综合衡量，虽有必要，但很难做到。这种观点虽有一定的合理性，但不够准确、全面和客观。另一种观点认为，社会发展是复杂的，涉及政治、经济、文化、人口素质、人民生活、意识形态、国内外关系、自然资源等各个方面，这些因素相互影响、相互制约、共同决定着社会的发展。有些因素如民族凝聚力和民众的理想信念，看起来与国力没有多大关系，实际上是综合国力的重要组成部分，对国家和社会的发展有重大作用。有些因素如生态环境和自然资源状况，不一定能直接决定当前的经济发展，但与社会长远发展有密切的关系，如人口素质中的劳动者的受教育文化程度、教育结构等，对社会发展的影响更是不可忽视。它们共同构成了一个国家国际地位的基础。

研究国际地位以及综合国力，实际上是研究社会全面发展的状况，研究有着内在联系的各种主要因素的现状、作用、相互关系及发展趋势。全面发展的社会要求我们全面系统地观察它，有预见地研究它。指挥全局的人，胸中有全局是很重要的。拥有全局观念，能看到事物的各个方面及其相互联系，才能站得高、看得远，把握大局，抓住中心，运筹帷幄之中，俯仰于天地之间。

外部因素包括经济、政治、外交、军事、科技等。①经济方面。经济是影响一国国际地位的重要因素。在世界上各个强国崛起的过程，往往都是先成为经济大国再成为政治军事大国。一般而言，是用经济的发展来排列各国经济实力在世界的位置，并以此为根据界定一个国家是发达国家还是发展中国家。例如，金融危机爆发以来，世界普遍寄希望于中国率先走出危机，带领世界经济走向复苏。充足的外汇储备和银行资金，使中国成为金融危机中世界经济体中少数的中坚力量。②政治方面。政治在国际地位中主要体现在政治主张上，比如：美国不停地提出新的政治主张，包括人权、国际安全、反恐、核威胁、减排等。中国一直强调生存权、发展权、和平共处五项原则、和平磋商解决国际争端、反对武力对抗等。③外交方面。外交对比不同于政治对比，主要表现在政策对国际影响的大小。④军事方面。中国政府提出"和平发展"战略。⑤科技方面。各类高端科技领域的研究成果和贡献深刻地影响着一个国家在国际上的形象和地位。中国的科学技术随着中国经济的发展而不断完善。目前，我国科技发展正处于从量的积累到质的飞跃、从点的突破向系统的能力提升的重要时期，在多个基础前沿战略高技术领域取得了不少有影响力的重大成就。

改革开放以来，我国经济和社会发展取得了举世瞩目的成就，随着以经济和科技为支撑的综合国力大踏步提升，中国的国际地位水涨船高。有国际地位，才能称之为大国，国家形象才有基础。

六、国民幸福，国家形象之本

何谓幸福呢？《现代汉语词典》的解释为：使人心情舒畅的境遇和生活；（生活、境遇）称心如意。

不同的人，对幸福的定义肯定有不同的感受。关于幸福，联合国前秘书长潘基文曾说，"求幸福乃严肃之事""追求幸福是一切人类活动的核心"。在国际上，对于"幸福"这个概念的评判标准，主要面向的是国家层面。这套标准一共包括九大领域：教育、健康、环境、管理、时间、文化多样性和包容性、社区活力、内心幸福感、生活水平。

从国家形象的表面来看，国家形象塑造作为体现一个国家主体性的活动，其目标是塑造一个富强、民主、繁荣、文明的国家，以得到国内外民众的认可，这是非常合理的，但国家形象的塑造不仅限于此。从终极的意义来说，任何国家形象的塑造如果脱离了国民的幸福感，去空谈所谓的大国形象，是毫无意义的。如果脱离国民的幸福感，去强调国家的作用和繁荣，国家就失去了民众基础。任何形式的国家形象塑造都必须达到或者完成人的主体性建构，在国家形象塑造的过程中关注人、确立具体国民的主体地位，让国民过得更幸福，这才是国家形象塑造的最终归宿和落脚点。

3 月 20 日是国际幸福日。2022 年，在联合国发布的一年一度的《世界幸福报告》中，芬兰连续五年被评为世界上最幸福的国家，丹麦位居第二，然后是冰岛、瑞士和荷兰。新西兰依然是前十名中唯一的非欧洲国家。芬兰屡次夺冠的原因包括智能城市规划、强大的医疗保健和教育系统，以及通过使用绿色空间减轻压力得以促进身体活动。

值得注意的是，受新冠肺炎疫情的影响，2022 年的《世界幸福报告》中的考量指标略有不同。研究人员无法在部分国家进行面对面的采访，不仅如此，他们还必须完全改变调查的侧重点，将重心转移到疫情对人们幸福感的影响上。

2022 年是《世界幸福报告》自发布以来的第十个年头。《世界幸福报告》以人均 GDP、健康预期寿命、社会支持、社会自由度、社会清廉程度以及慷慨程度多项指标为测量依据，探究世界各地人们的幸福感，也让人们看到了全球各地人民幸福感的变化。在 2022 年的关注重点中《世界幸福报告》增加一条了"评估国家和人民在抗击新冠疫情的表现"。排名前十的居住地为：芬兰、丹麦、冰岛、瑞士、荷兰、卢森堡、瑞典、挪威、以色列和新西兰。《世界幸福报告》的作者之一 John Helliwell 表示，世界仍被新冠肺炎疫情带来的负面影响所笼罩，但有证据表明 2021 年在帮助陌生人、志愿服务和捐赠的活动有显著增加。"人们的仁爱程度大大地增加了，尤其是对陌生人的帮助，证明人们会帮助有需要的人，在此过程中为受益者创造更多幸福，为他人树立榜样，也为自己创造更好的生活。"

七、重视历史，为国立信

在希腊语中，"历史"意味着"研究"。研究已经发生的事情并指导人们预知未来可能发生的事情很重要。正如古罗马政治家西塞罗所说，"历史是时代的见证、真理的火炬、记忆的生命、生活的老师和古人的使者""如果不知道在我们出生之前发生了什么，那么我们永远都是孩子"。但是历史不是一门实验科学，更不是一门实践科学，无法在一系列数学运算或统计研究之后，得出一系列积极的、可量化的和无可辩驳的结论。相反，历史是一门人文科学，在特定的时间和空间中研究人类，同时考虑事实和行为，评估其在物质以及思想、信仰等方面的影响。因此，历史能帮助我们分析过去，从而更好地把握现在。同时，历史也是塑造国家形象的重要部分。

地缘政治受到历史事件的影响，使得历史将过去与现在联系在一起。例如，如果不了解土耳其人在一个多世纪以前和亚美尼亚人之间发生的事，我们就很难理解当前亚美尼亚与土耳其的紧张关系。如果不了解资本主义扩张时期宗主国与殖民地之间的关系，我们就不会理解美国和英国之间的良好关系，也不会理解某些非洲国家与一些欧洲国家的亲密关系。

世界政治地图与50年前大不相同，在50年后也不会一样。地理空间未曾改变，也不会改变。在这些地理空间内，一个个国家不断诞生、发展和消失。有时，不同国籍的民族聚集在一起，形成一个新的国家；有时，一个多民族国家因无法承受各种族群体的分离压力而分裂，产生了几个新的国家，只留下了对过去功绩和历史成就的记忆。因此，历史对地缘政治很重要，因为它展现了国家的演变、持续存在的利益和冲突，以及利益如何得到满足或冲突如何得到解决。但历史可以帮助我们从错误中吸取教训，让我们产生凝聚力、向心力！

历史知识涉及人与其所处的环境。文化、宗教或语言是了解各民族现状和未来的基本要素，但是人们的社会条件取决于他们所占据的地理空间。时至今日，由于全球化，文化、传统和信仰比以往任何时候都更加分散，都受制于其周围的地理环境。地理空间对一个国家的历史演变及其遇到的紧张局势和对抗情况都有重大影响，同时也产生了复杂的国际地缘格局。如果我们不研究其过去，在很多情况下，是无法解释这种格局的。

重视历史、铭记历史，才能为国立信！忘记历史就意味着背叛，歪曲、扭曲历史则意味着对历史的亵渎。不敬畏历史，不珍惜当下，就没有未来。我国是拥有 14 亿人口的发展中大国，不尊重自己的历史，不通过民族历史树立自信心，就会导致人心涣散，势必会自乱阵脚。我们要统一思想、凝聚共识，就必须坚决抵御历史虚无主义思潮，在全社会树立正确的历史观。

中国有五千年的文明史，其他古代文明由于各种原因逐渐消失于历史的长河之中，中国五千年历史却是绵延不绝，这是最值得我们自豪的地方。

李约瑟在《中国科学技术史》一书中写道，从公元 3 世纪到 13 世纪，世界上技术的流向主要是从中国经阿拉伯向欧洲传播。在炼钢、铸铁、造船、机械装置，当然还有四大发明——造纸、火药、印刷术、指南针等诸多技术领域，中国领先西方上千年。

在五千多年漫长文明发展史中，中国人创造了璀璨夺目的中华文明，为人类文明进步事业做出了重大贡献。西方一些人习惯于把中国看作西方现代化理论视野中的近现代民族国家，没有从五千多年文明史的角度来看中国，这样就难以真正理解中国的过去、现在、未来。要把中华文明起源研究同中华文明特质和形态等重大问题研究紧密结合起来，深入研究阐释中华文明起源所昭示的中华民族共同体发展路向和中华民族多元一体演进格局，研究阐释中华文明讲仁爱、重民本、守诚信、崇正义、尚和合、求大同的精神特质和发展形态，阐明中国道路的深厚文化底蕴。对中华传统文化，不能一概否定，要坚持古为今用、推陈出新，继承和弘扬其中的优秀成分。我们要建立中国特色、中国风格、中国气派的文明研究学科体系、学术体系、话语体系，为人类文明新形态实践提供有力理论支撑。

历史对于一个国家，犹如记忆之于个人。记忆对个人有多重要，历史对一个国家就有多重要。只有不断反思总结自己的历史，一个民族、一个国家才能不断前进。一个不重视历史的民族，不可能是一个伟大的民族。

八、胸怀大局，着眼人类

全球化时代对一个国家而言，要能够识大体、顾大局。一个国家不躲避国际义务和责任，除了谋求自身利益外，更要勇于助弱，维护基本的良知、道义。

中国的发展不仅举世瞩目，而且有口皆碑。但中国未来的发展仍会受到贸易保护主义、能源、资源的外部制约和国内改革的阻力。全球化让任何国家都难以独善其身，许多国内积压的矛盾都将慢慢凸显，今天我们应该看到，中国虽然处于重大机遇期，但中华民族伟大复兴的历史重任尚未完成，我们仍需继续努力。

推动人类命运共同体建设，是因为中华文明历经千年沧桑仍胸怀"天下"。从"以和为贵""协和万邦"的和平思想，到"己所不欲，勿施于人""四海之内皆兄弟"的处世之道，再到"计利当计天下利""穷则独善其身，达则兼济天下"的价值判断……同外界其他行为体命运休戚与共的理念，可以说是中华文化的重要基因，而且薪火相传。

推动人类命运共同体的建设，是中国领导人基于世界大势而提供的"中国方案"。人类只有一个地球，各国共处一个世界。经济全球化让"地球村"越来越小，智能化、信息化、移动互联网让世界越来越平。不同国家和地区早已是你中有我、我中有你，一荣俱荣、一损俱损。国家之间，早就应该摒弃过时的零和思维。只有义利兼顾才能义利兼得，只有义利平衡才能义利共赢。

当前，我国处于近代以来发展的良好机遇期，世界正经历百年未有之大变局，两者同步交织、相互激荡。习近平总书记在省部级主要领导干部学习贯彻党的十九届五中全会精神专题研讨班开班式上强调："各级领导干部特别是高级干部必须立足中华民族伟大复兴战略全局和世界百年未有之大变局，心怀'国之大者'，不断提高政治判断力、政治领悟力、政治执行力，不断提高把握新发展阶段、贯彻新发展理念、构建新发展格局的政治能力、战略眼光、专业水平，敢于担当、善于作为，把党中央决策部署贯彻落实好。"值此重要时刻，我们要深刻把握世界之变、时代之变、历史之变，胸怀两个大局，着眼于全局谋划，在危机中育先机、于变局中开新局，推动实现更高质量、更有效率、更加公平、更可持续、更为安全的发展，向着中华民族伟大复兴的宏伟目标奋勇前进。习近平总书记指出，领导干部要胸怀两个大局，一个是中华民族伟大复兴的战略全局，一个是世界百年未有之大变局，这是我们谋划工作的基本出发点。这为我们正确把握国际国内形势发展变化，准确认识两个大局相互制约、相互促进的互动关系，科学预见历史发展趋势和世界格局演变走向，谋划和做好新时代各项工作提供了战略指引。

当前和今后一个时期，我国发展仍处于重要战略机遇期，但机遇和挑战都有新的发展变化，机遇和挑战之大都前所未有，总体上机遇大于挑战。我们要准确把握两个大局的规律性、互动性，增强胸怀两个大局的自觉性、主动性。纵观人类历史，世界发展从来都是各种矛盾相互交织、相互作用的综合结果。我们既要抓住和用好各种于我有利的因素，又要清醒认识国际国内各种不利因素的长期性、复杂性，妥善做好应对各种困难局面的准备，统筹研究部署，做到谋定而后动、厚积而薄发。

习近平总书记强调，把握国际形势要树立正确的历史观、大局观、角色观。树立正确历史观，就是不仅要看现在国际形势什么样，而且要端起历史望远镜回顾过去、总结历史规律，展望未来、把握历史前进大势。树立正确大局观，就是不仅要看到现象和细节，而且要把握本质和全局，抓住主要矛盾和矛盾的主要方面，避免在林林总总、纷纭多变的国际乱象中迷失方向、舍本逐末。树立正确角色观，就是不仅要冷静分析各种国际现象，而且要把自己摆进去，在我国同世界的关系中看问题，弄清楚在世界格局演变中我国的地位和作用，科学制定我国对外方针政策。这为我们统筹两个大局、把握中国与世界的关系提供了重要遵循。我们要深刻认识和准确把握历史发展趋势，奋发有为、积极进取，以更加顽强拼搏的精神向着"两个一百年"奋斗目标前进。

九、义务责任，勇于担当

大国之大，不仅是面积之大，经济实力之大，还在于国际影响力之大。真正持久的国际影响力不是来自强权政治，而是来自国家的国际威信。从世界历史长河来看，大国要有国际主义情怀，要走出狭隘的民族主义的藩篱。

当前，世界格局面临百年未有之大变局，国际秩序进入历史重塑期。在这一特殊历史时期，全球面临大国冲突、秩序失序和全球气候变暖等影响人类生存与发展的重大挑战和风险。历史发展进程表明，在世界格局变局和秩序调整期，大国发挥着重大甚至是决定性作用，它们对世界的和平与发展负有重大、特殊责任。在当下世界百年未有之大变局中，大国必须承担起与其地位、权力相匹配的责任和义务。

历史表明，在格局变化和秩序调整期，大国特别是守成大国和崛起大国间矛盾和利益冲突会大幅上升，往往会导致大国间的冲突和战争。当前，历史又来到了一个关键点上，但崛起国与守成国的对抗逻辑发生了逆转。作为崛起国，中国表现出积极融入世界、维护现有国际秩序、捍卫多边主义之态。作为全球大国，中国理应担当维护全世界和平与稳定的重大责任。

此外，世界的正常运转需要公共产品，无论是从国家能力、条件看，还是从国家的地位、权利与责任、义务的平衡角度看，大国都应承担为世界提供公共产品的责任和义务。在世界格局快速变化中，国际上有人担心，随着美国担负供给重要国际公共产品的能力和意愿下降，中国也不会承担这种责任和义务，世界会陷入领导力空缺、危机四起的险境，从而掉进"金德尔伯格陷阱"。但随着其快速发展，中国开始展现大国担当，为世界提供越来越多的公共产品。

比如，在全球经济治理领域，提出全球发展倡议，主张将发展置于全球宏观政策框架的突出位置，推动经济全球化朝着更加开放、包容、普惠、平衡、共赢方向发展，倡导平等、开放、合作、共享的全球经济治理观。在全球安全治理领域，提出全球安全倡议，倡导共同、综合、合作、可持续的全球安全观。在全球网络空间治理领域，提出共同构建和平、安全、开放、合作的网络空间，建立多边、民主、透明的国际互联网治理体系。在全球环境治理领域，向国际社会作出于2030年前实现碳达峰、2060年前实现碳中和的郑重承诺，推动构建人与自然生命共同体。在全球公共卫生治理领域，倡导各国秉持人类卫生健康共同体理念，合作抗击新冠肺炎疫情，不仅向国际社会提供物资援助、医疗支持、疫苗援助和合作，还为完善全球公共卫生治理体系贡献智慧和力量。在全球新疆域治理领域，提出《全球数据安全倡议》等国际倡议，主张遵循和平、主权、普惠、共治原则，把深海、极地、外空、互联网等领域打造成各方合作的新疆域，而不是相互博弈的竞技场。一系列中国方案有助于提升全球治理体系应对挑战的能力和韧性，有力引领全球治理和国际秩序变革方向。

十、适度包容，海纳百川

一个真正有担当的大国，一个有风范、有影响力的国家，是包容性强，能够海纳百川的国家。

国与国的竞争归根结底是思想力的竞争。大国的思想是世界的灵魂。大国的思想不在于它有多么正确，而在于厚德载物和思想解放。因为"正确"是有条件的，而思想的多元性及批判性的存在，能保证"代有才人出"。

"海纳百川，有容乃大"，中华民族历来主张和而不同、兼容并蓄，中华文化也一直倡导大包容；中国古代政治追求"天下大同"，秉持"达则兼济天下"的情怀，履行"立天下之正位，行天下之大道"的使命。两千多年前的古丝绸之路将沿途各国串成了璀璨的"珍珠项链"，实现了东西方文明的大融合。而今天的中国，更是要将这种精神传承下去，唱好一首与世界共商、共建、共享的协奏曲。

当今世界，国与国之间相互联系、相互依存的程度空前加深，人类生活在同一个地球村里，越来越成为你中有我、我中有你的命运共同体。不同国家、不同地区、不同文明之间的平等互信、包容互鉴、合作共赢，已然成为时代精神。

中国提出"一带一路"倡议，始终坚持"共商、共建、共享"的原则，符合国际社会对和平与发展的期望。"一带一路"倡议致力促进和平合作、开放包容、互学互鉴、互利共赢。"一带一路"倡议引发了共鸣，收获了更大的亲和力和信任感。联合国副秘书长盖图评价说："中国不限制国别范畴，不会搞封闭机制，不唱独角戏，更不搞一言堂，这正是'一带一路'朋友圈不断扩大的原因。"俄罗斯总统普京誉之为"一项共赢而有前途的举措"。越来越多的国家形成共识："一带一路"建设已成为完善全球发展模式和全球治理、推进经济全球化健康发展的重要途径。

外交部部长王毅表示，"一带一路"始终坚持共商共建共享的黄金法则，给各方带去的是满满的发展机遇。正是在此共识下，以具体行动参与、支持"一带一路"建设已成为国际社会的"热现象"：英国设立专家理事会，第一个宣布支持 250 亿英镑"一带一路"亚洲项目；德国西门子公司和上百家中国企业携手开拓"一带一路"市场；日本通运公司 2015 年起同中国铁路总公司合作，协助在华日企借助中欧班列开展通往中亚和欧洲的定期运输业务……共建"一带一路"的热潮，从政府到企业、从官方到民间，合作的广度和深度不断拓展。未来的世界一定是全球一体的，世界多极化、经济全球化、社会信息化、文化多样化越是深入发展，人们越是能够深刻认识到"一带一路"是构建人类命运共同体的极佳实践平台。

2023 年是共建"一带一路"倡议提出十周年，十年来，共建"一带一路"已成为深受欢迎的国际公共产品和国际合作平台。过去十年，中国对外直接投资明显增多。2012 年，中国对外直接投资为 878 亿美元。2020 年，中国对外直接投资为 1537.1 亿美元，流量规模首次位居全球第一。2012 年底，中国 1.6 万家境内投资者在国（境）外设立对外直接投资企业近 2.2 万家，年末境外企业资产总额 2.3 万亿美元。截至 2021 年底，中国 2.86 万家境内投资者在国（境）外共设立对外直接投资企业 4.6 万家，年末境外企业资产总额 8.5 万亿美元。

企业是"一带一路"倡议的主体，参与"一带一路"建设显著提升了中国企业的国际化水平。2012 年，《财富》世界 500 强排行榜，中国大陆（含香港）只有 73 家公司上榜，仅次于美国的 132 家；2022 年，中国大陆（含香港）上榜公司数量达到 136 家，超过美国的 124 家。对中国企业而言，通过"一带一路"倡议不仅要"走出去"，更要做到"走进去"、"走上去"。习近平总书记在第三次"一带一路"建设座谈会上强调，把基础设施"硬联通"作为重要方向，把规则标准"软联通"作为重要支撑，把共建国家人民"心联通"作为重要基础。走出去是"硬联通"，相对容易；"走进去"、"走上去"分别对应"软联通""心联通"，难度很大。但是，高水平对外开放就是要在补短板、强弱项、固底板、扬优势上下功夫。

数字丝绸之路成为亮点，我国电商平台"出海"加速。一些跨境电商平台实现海外买家过亿，遍及 220 多个国家和地区。诸多国家和地区纷纷搭乘"一带一路"快车，"一带一路"倡议不仅体现了中国自身的发展能力，也体现了强大的带动共同发展的能力。

"结伴成行"是人类命运共同体理念的生动表述，也是"一带一路"倡议的精髓。面对困难需要命运与共，面对差异需要海纳百川，需要相互欣赏、相互理解、相互尊重。"一带一路"倡议秉持共商共建共享原则，倡导各国共同打造"丝路会客厅"。习近平总书记先后提出了全球发展倡议、全球安全倡议、全球文明倡议，进一步丰富人类命运共同体理念以及"一带一路"倡议。"一带一路"倡议不仅涉及经济外交、科技外交、文化外交、气候外交等领域，还推动实现地区和平和解，"一带一路"首先应是和平之路。例如，2023 年 3 月 10 日，在中方斡旋下，沙特和伊朗这对"中东宿敌"在北京达成复交协议。沙伊和解是中国交上的一份构建人类命运共同体的完美答卷。

随着时间的推移，"一带一路"倡议的先发优势和竞争优势就越来越明显。2022 年 10 月，英国剑桥大学民主未来中心的一项调查数据发现，发展中国家有 62%的民众对中国有好感，发展中国家越来越多的民众对中国持积极看法。

"一带一路"倡议使中国外交更加具象、鲜活、立体、生动。"一带一路"倡议使国际社会重新审视西方主导的国际秩序，同时使国际社会对人类命运共同体理念有了深切的认识与认同。在经贸上，中国深度参与全球产业分工和合作，维护多元稳定的国际经济格局和经贸关系。在外交上，中国坚持对外开放的基本国策，坚定奉行互利共赢的开放战略，不断以中国新发展为世界提供新机遇。

"一带一路"倡议促进中国深度融入国际社会，通过互联互通方式将边缘地带打通，由此成为节点，从而使全球化的动力更加充沛。"一带一路"倡议正在积极塑造一种全新的空间秩序，为国家之间的合作提供了一个舒适宽松且富有凝聚力的环境。

任何理念型以及制度型公共产品的全球落地，都需要发起国有实力持续推动这一倡议，在保持自身战略定力的同时，海纳百川，推动国际社会形成共识。截至 2023 年 2 月，中国已同 151 个国家、32 个国际组织签署 200 余份共建"一带一路"合作文件，形成 3000 多个合作项目，投资规模近 1 万亿美元，带动国际合作的效应显著。"一带一路"倡议助推了区域一体化，增强了共建国家的相互依存度，提高了全球经济的黏性与韧性，实质性地改善了相关国家的经济状况以及全球治理水平。

中欧班列是推进"一带一路"建设的旗舰和标志，为保障国际供应链产业链稳定畅通提供了有力支撑。截至 2022 年底，中欧班列联通中国境内 108 个城市，通达欧洲约 25 个国家 208 个城市，累计开行 6.5 万列。2022 年开行中欧班列 1.6 万列、发送 160 万标箱，同比分别增长 9%、10%，充分发挥了中欧班列的战略通道作用。古丝绸之路的主要交通工具是驼队，今天的中欧班列是联通亚欧大陆的"钢铁驼队"。亚吉铁路、蒙内铁路、雅万高铁、匈塞铁路、中吉乌铁路等项目汇集在一起演奏了一首首"沙与海的交响曲"。其中，中老铁路使老挝"变陆锁国为陆联国"的梦想得以实现。中老铁路承运的跨境货物种类不断增加，物品从开通初期的橡胶、化肥、百货扩展到电子、光伏、汽车、鲜花等 2000 余种。

"一带一路"倡议的发展红利不仅包括基建、贸易、投资等，也显著降低了极端贫困人口的比例。据世界银行预测，到 2030 年，"一带一路"国际合作将使相关国家 760 万人摆脱极端贫困、3200 万人摆脱中度贫困，将使参与国贸易增长 2.8%~9.7%、全球贸易增长 1.7%~6.2%、全球收入增长 0.7%~2.9%。若共建"一带一路"框架下的交通基础设施项目全部得以实施，到 2030 年每年有望为全球产生 1.6 万亿美元的收益，占全球经济总量的 1.3%。

当前，世界百年未有之大变局加速演进，逆全球化思潮抬头，单边主义、保护主义明显上升，世界经济复苏乏力，局部冲突和动荡频发，全球性问题加剧，世界进入新的动荡变革期。共建"一带一路"是中国提出的倡议，更是应对危机挑战的国际公共产品和国际合作平台，这一倡议的重要功能就是提供了确定性，即中国和平发展的确定性以及共同培育全球发展新动能的确定性。2023 年，中国举办第三届"一带一路"国际合作高峰论坛，"一带一路"的朋友圈将越来越大，推动共建"一带一路"高质量发展将取得更多成效。

第二节　国家形象的主体究竟是谁

国家形象塑造的目标应该是人民至上，服务于普通大众，确立普通国民的主体地位,而国家只不过是达到民众幸福的中介和手段。

一、民众是国家形象表现的核心内容

国家形象塑造的具体内容应该将国民包含在内,不是单纯地讲国家如何,而是应该围绕国民来展开传播活动。这里所讲的国民包括单个的人、群体的人和整体人类。

国家形象塑造作为一种公关与传播活动,既不是空洞的政治说教,也不是枯燥的政治宣传。国家形象塑造应该多种多样,可以采用国家形象宣传片、图片展览、公众外交、个人旅游等多种形式,但最后都要落脚到具体的活生生的人身上。基于此,国家形象宣传的内容就不能忽视人的生活。

就个人和群体而言,国家形象塑造要具象化到普通国民,按照自身的国家理念选择具有代表性的个人和群体,通过这些个人和群体勤奋工作、多彩生活的片段去展现整个国家的状态。当然,选择哪些人取决于国家所坚持的理念。社会大众作为一个集合概念本身就包含了精英和底层,将底层人的生活纳入国家形象塑造的视野,不仅不会降低国家形象塑造的效果,反而会锦上添花,使传播的内容更加多元、平衡和真实。

全球意识或者说人类共同体意识也应该成为国家形象塑造的内容之一。人不是一个孤立的存在,"人是类存在物"。一个国家也是如此,在内容上表现本国的国民只是传播国家形象的一部分,同时还应该对自身国家以外的对象国家(或者把这些国家当作另外的主体)有所关照,这与当今全球化发展的现实密切相关。

全球化作为一个客观过程,其发展越来越印证麦克卢汉在20世纪60年代关于"地球村"的预言。全球化的客观趋势尽管没有从根本上改变民族国家的地位和作用,但是它却凸显了人类共同利益,这种利益与国家利益、民族利益交织在一起，共同影响着人们的生活。也许有人会拿国际关系的现实主义理论来质疑人类共同利益，甚至完全否认人类共同利益的存在，但必须认识到现实主义理论有其时代的特征和烙印，当人类文明还不够发达，还不是一个命运共同体时，国家只能顾及自身，更多地基于民族国家的框架来从事活动，而不可能产生人类情怀。如今，交通、通信技术的发展为人类成为一个命运共同体提供了物质基础，国家也只有在全球范围内进行经济、政治和文化活动才能更好地发展，这样全球紧密联系的事实就会出现，进而产生人类的共同体意识。上述各项活动，使民族国家共同面对一些威胁人类生存的问题，维护世界和平、打击恐怖主义、遏制核扩散、控制毒品泛滥、消除粮食危机、减少环境污染等成为全人类共同追求的目标。当今时代，作为一个民族国家在进行国家形象构建与传播时，对上述问题无法回避，也回避不了。基于此，国家形象塑造必须对上述问题做出理性、客观，符合人类利益的回应。

二、民众是国家形象塑造的主体

首先，民众在国家形象塑造中的地位发生了改变。日益发达的移动互联网让被动接收信息的受众获得了充分的自由，在这样的环境下，受众不仅可以接收信息，还可以主动寻求信息、创造信息，这比在"使用"与"满足"条件下受众寻求信息的能动性更为彻底，因为"使用"与"满足"条件下的受众的能动性是有限的，仅限于对媒介提供的内容进行"有选择地接触"，因而不能反映受众作为社会实践的主体、有着传播需求和传播权利的主体所具有的能动性。

其次，民众作为国家形象的主体具有真实、具体、多触点、形象化等特征。移动互联网时代，民众可以借助新媒体技术和现代交通技术实现全球性的活动，其一举一动在很大程度上是国家形象的浓缩。相较于以国家（政府）、政党等政治共同体为主体所进行的国家形象塑造活动，民众的活动则更为亲切、自然，也较少有意识形态色彩。民众所进行的活动是鲜活的、有血有肉的、丰富多彩的，正是这些多触点的特征，民众使得国家形象的呈现更为鲜活、丰满、形象化、具体化。

但人们在认识这一问题时需要辩证思考。换言之，从效果的角度来说，上述真实、具体、多触点、形象化的特点并不必然带来良好的国家形象塑造，其效果也有可能是反向的。这里"好"与"坏"的区别取决于是由什么样的国民、什么样的方式来进行国家形象塑造活动。每天由网络爆出的事件比比皆是，国内一些网民通过互联网对国外的事件发表评论，会对国家形象产生影响。国际间的人际交往亦是如此，比如，在出境游时，旅行的游客的不文明行为也会影响本国形象。

最后，民众成为影响舆论的一个重要因素。多元化社会的发展培养出了人们的多元化兴趣和多元化选择标准，而多元化正是民众发挥作用从而影响国际舆论的基础。正如丹尼斯·麦奎尔所言，"意识形态差异的消解和保护消费者权益运动的逐渐兴起，客观上似乎在鼓励内在多样性模式的增长"，这实际上暗含了网络时代受众的需求将逐渐朝多元化演变的趋势。受众需求的多元化，必然导致新闻报道方式、新闻呈现方式等各方面的多元化。

移动互联网时代人们很难忽视围观的力量。网络上的个人似乎是孤立的、原子化的、匿名的，但是因某一公共事件所形成的"路过""我是打酱油的""顶一个"等话语，会在短时间内形成围观的力量。这种围观的力量是网络时代的人们在特定的条件下寻求意义和相互认同的过程，它在短时间内可以放大舆论，从本质上讲"是在通过形成某种共识的话语途径中增强自觉参与解决公共问题的意识及感悟能力，从而使得新媒体文化的软性方式成为社会进步的动力结构"。

第三节　为何说国家形象是一种软实力

国际政治学中一个有关新兴大国的理论认为，当一个大国兴起时，现有的国际权力格局将会受到挑战。新兴大国都有一个"修正"现状的倾向，原因可能是它想获取更大的权力，扩大自己的利益；也可能是由于周边的国家太弱，新兴大国有机会也有需要填补权力上的真空，维持地区的稳定及巩固自己的利益。很多时候，这种"修正"国际权力分配的行为会以战争形式进行，既可能是新兴大国想要采取武力手段打破原有格局之外，也可能是原有霸主采用"先下手为强"的策略，防止原有对己有利的格局受到破坏。

但另一派理论认为，大国兴起不一定要通过武力重建新的世界秩序。新兴大国可以利用现有制度及规范，通过合作以循序渐进的方式改变现有的国际格局以实现共赢。他们认为，新兴国家在崛起的过程中，本身的"绝对得益"比与别国竞争的"相对得益"更为重要，因为此举会减少与别国战争的危险，对本国的发展更为有利。

这一派的其中一位代表约瑟夫·奈在20世纪90年代提出了"软实力"的概念。他指出，一个国家除了要有以经济及军事力量为基础的"硬实力"以外，还要有以文化及制度为主的"软实力"。国际政治实力不外乎是"要令别国做你想它们做的事"。"硬实力"是以威迫或利诱的方式达到你想要的结果，"软实力"则是"通过吸引力而非强迫或利诱的方式获得想要结果的能力"。他认为，新兴大国即使不用军事或经济的硬实力，只要这些新兴大国具有"吸引力"，也能让他国跟从其意愿或接受其所制定的国际议题，新兴大国仍会得到它想要的结果。至于"软实力"的构成因素，他认为有文化、政治价值及外交政策三大因素。自20世纪末开始，"软实力"的课题开始受人关注，因为它是一种和平的实力，可以在改变国际秩序之时避免战争。对新兴大国而言，增强本身的"软实力"可谓是百利而无一害。

国家形象本身就是一种软实力，在国家发展过程中的作用日益重大，文化、价值观等因素已经成为国家竞争的重要砝码。作为软实力重要组成部分的国家形象，已然成为大国竞相角逐的对象。国家形象即是他国对一个国家的总体印象和评价，因此，塑造良好的国家形象直接影响到国家利益的实现。

随着信息传播的全球化，我们日益置身于一个相互依存的时代。在当代国际社会中，国家形象以前所未有的重要性提上了每一个国家的国际战略乃至全球战略议程。

对此，汉斯·摩根索最早做出了一种重要的解释："在为生存和权力而进行的斗争中，……他人对我们的看法同我们的实际情形一样重要。正是我们在他人'心镜'中的形象（即我们的威望）而非我们本来的样子，决定了作为（国际）社会成员的我们到底是'谁'——哪怕这镜中之像是歪曲的反映。"也就是说，正是一国在他国心目中的国家形象决定着该国的国际威望及权力大小。

国家形象是一个非常抽象的概念，如何能将国家形象具象化、品牌化？

"品牌国家形象"有七个参考指标，包括：国家品牌指数（NBI）、国家品牌指数（CBI）、全球清廉指数（CPI）、全球竞争力指数（GCI）、世界百大品牌指数（Interbrand）、世界百大品牌指数（BrandZ）、媒体因素，并由此来测量和检验品牌国家形象是否良好及完善。①

英国的西蒙·安霍尔特（Simon Anholt）于 1996 年首次提出了"品牌国家"的概念，并开始协助世界各国拟定国家品牌策略。他将国家视为一个品牌，认为在营销层面可以通过国际传播将国家品牌化，再运用政治营销手段将国家品牌构建成为一个大众知晓且具有竞争优势的品牌识别系统，这就是"品牌国家"。

西蒙·安霍尔特（Simon Anholt）还认为，国家声誉与公司或产品的品牌形象差不多，都很重要。按照约瑟夫·奈的提法，"软实力"是一种基于吸引力和认同感的同化力（令他者自愿而非被迫地效仿或服从），主要来自"文化（在很多方面对他国具有吸引力）、政治价值观（在内外事务中遵守并实践这些观念）以及对外政策（正当合理并具有道德上的权威性）"。

---

① 西蒙·安浩．铸造国家、城市和地区的品牌：竞争优势识别系统［M］．葛岩，卢嘉杰，何俊涛译．上海：上海交通大学出版社，2010．

尽管软实力与国家形象有诸多相似之处，但将软实力相关理论与国家形象理论进行对照，能够明显发现二者之间有较大的差异。首先，国家形象更多的是一种文化现象，而"软实力"则更多的是一种政治现象；其次，"软实力"更依赖"自塑"，而国家形象相对更容易受"他塑"机制的影响；最后，"软实力"具有相对普遍的效力，而国家形象会因不同受众群体而有不同感知。

第四节 国家形象的多维度认知

国家形象传播是多维度的、立体交叉的，既包括传统媒介形式的大众传播，也包括以人、物、产品、空间、活动和事件等多元载体的传播形态。国家形象的多维度传播就是从不同的媒介维度来整合思考国家形象的多种传播方式。从国家形象的国际传播来说，我国国际媒体和影视作品在全球的影响力对国家形象的传播作用不可低估，但我们不能忽视以人为媒介的传播力量，无论是领导人、企业家还是国民，都是国家形象的使者。同时，也要重视网络和社交媒体空间中的国家形象建构，网络空间的国家形象叙事需要考虑不同受众的媒介偏好以及不同媒介的叙事特征。

国家形象是一个国家重要的软实力和国际竞争力，既有客观性，又有主观性。国家形象建设是一项系统性、战略性工程，既需要国家进行顶层设计和部署，也需要全体国民共同参与和努力。可以将国家看作一个品牌，通过品牌化的传播策略，国家形象能更加清晰，更具感染力和传播力。综上可知，国家形象的认知是总体性的，但不是单维度的，而是多维度的。

一、营销维度

人一旦形成某种观念之后很难改变。人类大脑的工作方式是很特别的，许多时候往往是潜意识在起作用。例如，在大部分情况下，人们看到蛇会产生恐惧感，无论它有毒与否；看到白雪公主，就会激起怜爱之心。

国家形象的形成同样也会作用于内心，使人们对一些人或事物产生某种感情。我们经常提到的双重因素的前后顺序非常重要，先是心理，然后是思维，即必须先赢得心理上的认可，才能赢得思维模式的认可。随着时间的推移，把连接所有关于某个事物的故事的线索串联起来，就形成了品牌。而营销的维度，恰恰就是重塑公众认知的过程。

从营销的角度观察，国家、企业或产品都是被营销的对象，都需要通过一系列营销手段，将被营销的对象传播、推广出去，在受众中形成认知、信任，并最终达成某种交易。虽然国家形象的塑造远比产品的营销更为复杂，但产品营销所使用的各种理念、手段、方式、方法、技巧同样可以用于国家形象建设。

营销维度下的国家形象研究基于一个假定，即在全球格局中每个国家都面临着来自全球的竞争。国家的好坏优劣取决于是否能够获得比较竞争优势。因此，国家形象的主要作用是吸引游客和人才、促进投资与贸易，促进新兴产业集群的形成，繁荣市场，促进经济活力的提升。但这一视角的缺陷是弱化了国家形象的政治、外交等因素，以及由于历史原因自然形成的国家认同。①

国家形象是一个现在进行式，既受到过去式的影响，也能开创美好的未来式。由于国家形象在传播中会被感知、认同、修正、强化或颠覆，因此，一个国

---

① 国家社科基金项目"新时代中国国际传播实践问题与本土化理论创新研究"（项目编号：19AXW005）的研究成果，原载于《现代传播》2021年第1期。

家形象的好坏不仅会影响到这个国家在国际政治与世界经济活动中是否占有优势，还会提升或是阻碍这个国家的综合国力。随着全球化不断提速，世界各国往来频繁，国家形象在国际关系和公共外交领域已经逐渐成为重大课题。一个主权国家和民族在世界舞台上所展示的形状面貌及国际环境中的舆论反应需要借助国际传播来塑造国家形象。

如果将国家视为一个品牌，那么在营销思维上如何通过国际传播的方式将国家品牌化并推荐到国际上，并且创造其成为世界级一流"品牌"，再通过运用政治营销方式将这个品牌建构成为一个大众知晓而且具有竞争优势、品牌识别系统的"名牌"，这就是所谓的"品牌国家"。如何成功地塑造国家形象也能反映出一个国家的"软实力"。

二、媒体维度

进入 21 世纪以来，由于学科交叉融合加速，新兴学科不断涌现，前沿领域不断延伸。以大数据、云计算、机器人、人工智能、区块链、5G 等为代表的新一轮信息技术变革已成为全球关注的焦点。媒体也向数字化、智能化、信息化方向发展。

在当今被称为深度媒介化的时代，媒介如同基础设施一样，在人们的日常生活中扮演着重要的角色。我们所说的媒介生态环境不仅是人们生活大环境中的一部分，很多时候甚至就是环境本身，应用到国家形象领域，会带来多元的可能性。国家形象多维度的传播，是"全媒""全员"和"全科"的。

所谓"全媒"，是指国家形象的多维度传播涉及现有的各种媒介技术、媒介形态，而多维度传播亦是分布式的、去中心化的，突破了以往国家形象传播主要由专业机构等为主体代表国家的传统叙事方式。这种分布式认知意味着更为多元的表达空间在当下和未来成为可能。例如，受海内外社交媒体追捧的云南象群迁徙，以区别于传统宏大叙事的可爱形象，通过图片、视频方式等展现我国生态环境中的动物生活，产生了很好的效果，使其形象更加丰满、立体。相应地，我们也需要结合新的方式来测量国家形象的传播效果。

所谓"全员"，是指在多维度传播的背景下，参与到国家形象展示和传播过程的主体会更加多元。主流媒体、专业人士、意见领袖、企业平台、普通民众都可以通过新媒体的渠道展示国家形象，从而构建起国家形象传播的最大同心圆，展现真实、立体、全面的中国。

所谓"全科"，是指发挥传播学作为十字路口上的学科的特点，进一步打破学科壁垒，通过学科交叉融合，培养适合多形态传播模式的高素质、多元化和创造性人才，推进国际传播能力建设，不断提升对外传播效果。总体而言，"全媒""全员""全科"的国家形象多维度传播是期望达到媒介化共情的效果，从情感、认知到反馈层面在国际社会中形成共情，从而助力国家形象的构建与传播。

从文化维度出发，我们还要善于利用社交媒体，因为社交媒体为图像、视频等多元内容的产生提供了便捷的渠道，无论是微博、推特、Instagram，还是 You-Tube、TikTok，它们能够为不同的文化群体赋权，让用户快速地上传自己的图像，包括图片、视频，并附以相应的文字，最终形成多形态的营销内容。每个用户都可以是多形态内容的生产者、传播者、受众，而用户的文化身份就会在图像中凸显出来，所处的城市、国家也变成了标签和属性。例如，李子柒的图像，对西方受众而言，不需要具备大量的中国文化知识，就可以看到一个美丽的中国女孩在东方田园里面种植植物——这个图像是具有明确的能指，而多重能指共振产生了丰富的情境，其隐含的"所指"，是东方田园牧歌式生活，帮助西方受众快速建立起对于东方文化的想象与认知。从传播效果角度来讲，无论是意见领袖，还是普通人，这样的文化身份的呈现，会帮助我们去建构立体的国家形象。

但是，我们也要注意单纯媒介形象研究时，往往会忽略国际新闻生产与国家形象呈现之间的复杂性与互动性，忽略不同文化背景、国家利益取向和社会环境作用于媒体的信息生产，单纯基于话语和文本抽离出国家形象，很容易使结论简单化、脸谱化。不同国家的历史记忆、现实利益关系、文化心理、人员往来等各种因素都会使得国家形象出现差异性建构。①

三、文化维度

能否树立好国家的文化形象，对于树立好国家形象至关重要。一个国家的文化形象是多元的，构成文化形象的内容主要有：文学艺术、历史文物、民族风情、宗教传承、电影电视等。

例如，好莱坞的电影已经成为美国国家形象的最佳展示。日本作为世界上最大的动漫制作和输出国，《哆啦A梦》《海贼王》等动漫作品把日本的文化价值观推向了全球，动漫成了日本强大的软实力。同样，韩国的电视剧也是韩国国家形象的最佳展示，从《大长今》到《来自星星的你》，"韩流"已经成为韩国国家形象的最好传播载体。②

当前，如何改变由西方主导的"文化观"尤为重要。我们看到，中华文化的崛起必然带来对欧美文化的冲击。作为传播者，首先要固守"传之本"，重建一个立足自身文化之根、融汇西方文化、具有强烈时代感的中国文化新形态。其次要提升"传之道"，把中华文化提升到世界意义的高度。中华文明讲仁爱、重民本、守诚信、崇正义、尚和合、谋大同，既有深厚底蕴，也体现人类对真善美的追求。最后应加深对平台社会是全球化和个人化社会的理解，充分调动各类行动主体的国际传播能力，在国家、企业、社会和个人之间的不断协调、竞争、协商、互动中，形成多层次、立体化、可持续性的中华文化国际传播。

---

①② 国家社科基金项目"新时代中国国际传播实践问题与本土化理论创新研究"（项目编号：19AXW005）的研究成果，原载于《现代传播》2021年第1期。

四、国民维度

构成国民形象的内容主要有文明礼仪、道德规范、行为习惯等。一个国民素质良好的国家，受到人们的尊敬，国家形象的好评会不断上升。国民素质高一分，国家形象美十分。与一个国家国民的亲身接触，形成的印象是最感性、最真实的。

另外，从国民维度出发，我们还应该特别需要注意对"Z世代"的传播。"Z世代"（Generation Z）是盛行于西方的名词，沿袭了西方"X世代""Y世代"的说法。《牛津生活字典》将"Z世代"年龄范围划定为"在21世纪第二个十年达到成年的一代"，美国民调机构皮尤研究中心将"Z世代"的出生时间划定为1997~2012年，联合国经济和社会事务部将"Z世代"的出生时间划定为1995~2010年。

"Z世代"是伴随着互联网成长起来的年轻人，是我们塑造中国良好形象的重要对象。青少年一代本身就是多形态传播的受益者和创造者，加上电影、电视、游戏和网络文学的全球无障碍传播，全球"Z世代"的审美取向和价值需求呈现统一性。漫威公司通过漫画、小说、电影、游戏、舞台剧、衍生品授权等各种多模态形式进行美国超级英雄文化的传播，使得这种综合IP的多形态传播成为美国社交网络和元宇宙发展的动力之一。当下，中国国家形象的多形态传播可以借鉴西方国家综合建构IP的产业模式，将中国文化价值注入深受青少年欢迎的作品里去，为我国"Z世代"的文化艺术创作提供更大空间，在开放的全球社交网络的交流中为全球青少年塑造可信、可爱、可敬的中国形象。

五、科技维度

未来，信息技术将成为推动全球产业变革的重要力量，并且不断集聚创新资源与要素，与新业务、新商业模式互动融合，快速推动农业、工业和服务业的转型升级。

当前，全球互联网普及进程逐渐减速，预期这一趋势将在未来几年得到持续强化。与此同时，随着可穿戴设备、智能家居、车联网、智慧城市等产品服务的发展，接入网络的设备数量呈现逐年递增趋势。接入主体的变化将对网络的技术创新、应用形态以及服务能力产生深远影响。

随着 5G 技术的应用，互联网深度融入社会治理。互联网逐步成为人们社会交往、自我展现、获取信息、购买产品和服务的基本生活空间。互联网及大数据技术正驱动社会治理从单向管理向双向协同互动转变，社会治理模式正从依靠决策者进行判断，发展到依靠海量数据进行精确引导。

随着人工智能日渐普及，新的营销时代——智能营销时代即将来临。国家形象塑造也面临着新的机遇与挑战。不断更迭的广告技术、营销技术所带来的冲击力很大，它要求国家形象建设要快速融合数字、技术，不仅要去连接公众，同时还需要挖掘公众的潜在需求，更好地理解受众，产生更多有吸引力、传播力的创意。新技术的应用，为创意打开了广阔、有趣的新天地，众多营销对象打造了很多好玩、有意义的品牌营销体验，既拉近了品牌和受众之间的关系，又实现了高效、直接的效益转化。

虽然人工智能本身的研究已经颇具深度，但在品牌形象、营销领域的应用还没有全面开发。针对人工智能营销，AI 对于国家形象建设、品牌营销的影响会是渐进式的，将在诸多方面产生明显的作用。

第二章　国家形象的价值何在

当历史之风吹起时，虽能压倒人类的意志，但预知风暴的来临，设法加以驾驭，并使其终能服务于人类，则还在人力范围内。战略研究的意义即在于此。

——安德烈·博弗尔

第一节　为何要进行国家形象塑造

当今，全球化发展的趋势越加明显，尤为突出的是文化传播在国际传播中的比重不断上升，提升国家形象也就成为国际传播的重要功能之一，而且国家形象也正如约瑟夫·奈所提出的那样，是国家软实力的一部分，所以国家形象已经成为当代许多学者探讨的重大课题。

国家形象在国际交往中发挥着日益显著的作用。第二次世界大战以后，特别是冷战结束以来，随着全球化与信息化的纵深发展，各国间的联系不断加深，世界正在变成一个真正意义上的"地球村"。在这样的"地球村"时代，国家软实力的重要性日益上升，在国家间关系和相互交往中扮演着与传统硬实力旗鼓相当甚至更胜一筹的重要角色。其中，国家形象作为软实力的典型代表和直观体现，开始受到越来越多的关注与重视。良好的国家形象对内有助于凝聚民心，增强国家认同感和自豪感，对外有助于更好地维护国家利益，提升国际影响力。因此，各国纷纷制定国家形象塑造和传播战略，以改善或重塑国家形象。

纵观全球，美国政府早在第一次世界大战期间就曾成立过"公共信息委员会"，用于战时形象宣传工作；第二次世界大战期间对拉丁美洲进行对抗法西斯德国的短波广播宣传，成为后来美国塑造国家形象最得力工具之一的"美国之音"的前身；第二次世界大战后，美国更是借助公共外交、民间外交、影视传媒等全方位战略手段推广美国价值观，塑造其国家形象。

第二次世界大战后，日本通过积极的媒体宣传、成功举办奥运会、开展动漫外交和援助外交等手段，大力实施和推进公共外交，在亚洲地区乃至全球范围成功塑造了较为正面的国际形象，又先后确立了"文化立国""观光立国"等传播战略，向外界展示了充满魅力的"酷"日本形象。

德国作为"诗人与思想家的国度"，充分发挥自身悠久而独特的历史文化资源优势，在世界舞台上为自己铸上"文化大国"印记，同时通过高品质、高质量的"德国制造"产品品牌效应，在全球民众心目中印上"严谨可靠"的形象标签。

俄罗斯在冷战后十分重视重塑国家形象，通过与他国互办文化年、举办国际展览、组织芭蕾和音乐世界巡回演出等手段推进"文化软外交"，通过在西方颇有市场的"今日俄罗斯"（Russia Today）对外宣传俄罗斯今日发展成就，对外树立积极、正面的国家形象。

韩国借助其具有领先优势的企业，风靡世界的"韩流"热潮，以及承办世界杯、奥运会等全球性国际赛事，对外打造充满现代气息的"动感韩国"形象。

英国政府推出"非凡英国"（Great Britain）国家形象品牌计划，深入挖掘包括英国文化、乡村、音乐、体育、创意产业、明星乃至英国王室在内的国家品牌和形象资源，通过全方位多媒体的全球营销手段为英国吸引更多的留学生、游客和商业机会。

印度历来注重向外推广其全球形象，不仅将其"大国情结"融入"不可思议的印度"（Incredible India）、"印度2020"（India 2020）等形象宣传片中，还融入宝莱坞在全球热映的口碑电影，以及充满活力的科技创新与不断涌现的高科技人才中，为自身贴上"世界上最大的民主国家""软实力大国""世界办公室"等形象标签。

卡塔尔国土面积虽小，但通过积极发展国际性传媒——被誉为"阿拉伯的CNN"的半岛电视台，在西方媒体播放推广卡塔尔航空公司宣传片，承办2006年多哈亚运会、2011年亚洲杯足球赛、2022年世界杯足球赛等举措，成功在国际舞台推广了国际形象，给世界民众留下深刻印象。

作为世界四大文明古国之一，中国的国家形象在漫长的历史进程中经历了不断的演变、丰富、曲折和发展。从秦汉以来奠定的"大一统"形象，到唐宋时期的国力强盛、经济繁荣、文教昌盛的东方文明大国形象，又到晚清时期被迫签署不平等条约的没落弱国形象，再到中华人民共和国成立特别是改革开放以来在世界舞台上所呈现的独立、和平、发展、合作、负责的大国形象，中国的国家形象在不同的历史时期呈现出各自的特征。

改革开放以来，中国各方面建设都取得举世瞩目的发展成就，中国国际地位得到前所未有的提升。与此同时，世界格局正在发生深刻变革。一方面，全球化与信息化的发展深刻改变了国际传播格局，通过移动互联网和社交媒体平台，信息的生产数量、传播速度和影响力都呈几何倍数增长，国家间传统的信息壁垒被逐渐打通，人们能够更便捷、更直接、更多样化地获取所需信息。这样一来，长期囿于西方主流媒体影响而不能全面、客观看待中国的国外受众就有了更多的机会与可能去接触和了解一个真实、全面、立体的中国，中国政治经济社会的发展进步、充满魅力的传统与现代文化、对世界和平与人类发展的重要贡献也就能有更多机会公之于众，进而收获更多的国际尊重与认可。

另一方面，世界范围内各种思想文化交流交融交锋更加频繁，国际思想文化领域斗争依然深刻而复杂，不同意识形态的斗争长期存在。同时，世界经济增长动力不足，复苏乏力，随着英国脱欧，美国退出跨太平洋伙伴关系协定（Trans-Pacific Partnership Agreement，TPP）、《巴黎协定》和联合国教科文组织等多边平台，世界范围内的"逆全球化"和贸易保护主义暗潮涌动，人们对未来的道路产生迷茫，世界将何去何从？全球化将如何发展？中国在其中又将扮演什么角色？中国发展到当前这个阶段，世人开始将或赞赏或期待或迷茫或质疑的目光投向中国，中国的国家形象塑造正面临着前所未有的机遇与挑战。

近年来中国不仅实现了自身的飞跃发展，也积极展现出大国担当，连续多年对世界经济增长贡献率超过30%，将中国经济发展红利与世界共享，为人类和平与发展做出了中国贡献。中国日益走近世界舞台中央，国际社会对中国的关注达到了前所未有的高度。站在全球"聚光灯"下，中国国家形象塑造与传播成为新时代的重要课题。中国需要展现真实、立体、全面的形象，增进全球民众对当代中国的接触、认知、理解与共识，进而推动各国人民齐心协力构建人类命运共同体，共同建设持久和平、普遍安全、共同繁荣、开放包容、清洁美丽的世界。

第二节　国家形象提升国家综合国力

提出"软实力"概念的约瑟夫·奈认为，一个国家的实力分为两个部分：一部分是以经济和军事实力为基础，被称为"硬实力"，而另一部分则是以政治制度的影响力、文化价值的吸引力和国民、国家形象的感召力为基础的"软实力"。在全球化的今天，"软实力"的地位更加突出和重要，运用政治价值的感召力和意识形态的说服力让其他国家认同自身的利益比实行经济制裁和军事打击更少获得国际社会的谴责，也更能被国际社会所广泛接受，成本也更低。通过树立良好国家形象，使传播对象认同自身的价值和文化，使其他国家能够追随效仿本国，以较小的宣传成本为获取实实在在的政治、经济、安全等领域的利益提供保障，进而提升一个国家的综合国力，为实现本国的长远战略提供服务。

国际威望和声誉是国家形象最重要的表现形式之一，也是国家综合国力的重要组成部分。著名心理学家马斯洛曾针对个体的人提出了"人的需求层次"理论。他认为，人类的需求是有高低层次之分的，按照从低到高的顺序，人的需求可以分为五个层次，分别是：生理需求、安全需求、归属与爱的需求、尊重需求和自我实现需求。其中尊重需求和自我实现需求是属于高级的需求。当然这一理论是针对个体提出的。与个人一样，作为由单个人所组成的共同体——国家和民族同样有被尊重的需求，只不过这种被尊重的需求不是以个体的形式而是以集体的形式表现出来而已。通过各种传播手段传播国家形象，塑造出良好的国家形象，赢得传播对象国民众的认同，从而提高国家在传播对象国民众心目中的威望和声誉成为目前很多国家经常采用的手段。

国际威望和声誉建立在认同的基础上。崇高的威望和良好的声誉意味着高度认同，而高度的认同又与实际的国家综合国力紧密相关。虽然由威望和声誉所带来的国家实力并不一定像经济实力那样直接可见，但由威望和声誉所带来的国家实力往往是隐性的。当然，国际社会对某个国家的不认同会损害其威望和声誉，进而对国家实力产生间接损害。

2023 年 6 月 29 日，中国社会科学院世界经济与政治研究所、中国社会科学院国家全球战略智库、中国社会科学出版社联合发布了《中国海外投资国家风险评级报告（2023）》（以下简称《报告》）。《报告》分为三部分，分别是中国海外投资国家风险评级主报告、"一带一路"国家投资风险子报告以及 RCEP 成员国风险评级子报告。其中，主报告显示，风险最低、评级最高的国家是新加坡。

新加坡是一个将诚信体系建设列为国家战略的国家。新加坡良好的国际威望和声誉在一定程度上提升了其综合国力。新加坡是亚洲文化的典型代表之一，由于长期的殖民统治、复杂的社会民族结构、社会快速转型和西方文化的冲击，新加坡也曾经历过多元文化的混乱时期。为了应对低级的价值观对新加坡社会发展和文化建设的冲击，新加坡政府将儒家"八德"作为治国之纲，形成了具有一定权威的、新的价值观。新加坡的价值观是以儒家文明为主体的价值观在当代东亚的创新与发展。尽管新加坡和我国国情大为不同，但在社会价值体系的基础上，以源远流长、深入骨髓的儒家思想作为思想根基这一点是具有文化传统一致性的；并且，新加坡提出诚信体系建设之时，也处于激烈的经济、政治、社会转型期，与我们当前所处时期相似。因此，新加坡诚信体系建设的经验对于我国诚信体系的构建有着极为重要的借鉴意义。

新加坡建国之初，面临人少、资源少、经济基础薄弱的困境，唯有创造比其他国家更优越的软环境才能更好地吸引投资、吸引人才。因此，新加坡从建国之初就将诚信体系作为国家战略，将新加坡打造为全球诚信的品牌，新加坡的诚信成为多数国家参照的标准，也成为新加坡吸引资金、人才等世界优质资源的强大利器。

由于新加坡在国家威望和国家信誉方面不懈的努力，为新加坡综合国力的提升带来了巨大的无形资产。根据瑞士洛桑国际管理发展学院发表的《2022 年世界竞争力年报》，在世界竞争力排名（IMD World Competitiveness Ranking，WCR）中，新加坡居亚洲第一。

第三节　从国家形象到国家品牌

荷兰学者彼得·范·海姆（Peter van Ham）曾提出"品牌国家"的概念。他认为，随着全球化和媒体革命的发展，国家的政治疆界正逐渐消泯，取而代之的是"品牌国家"的观念，也就是说，一个国家经济的强弱，至关重要的是能够创造出世界级的知名品牌。

一个国家所创造的产品的品牌代表了这个国家，而通过这些知名品牌产品的推销，可以巧妙隐含地营销一个国家，在获取经济利润的情况下维护国家形象，进而维护国家利益。这是在全球消费的环境下，人们认识国家的便捷途径。

一个国家形象的传播是一种具有特殊意义的营销。什么是国家营销呢？国家营销指的是"通过运用营销的思想和方法，从战略角度来分析、整合、利用该国在各方面的资源优势，树立国家形象，获取政治影响力和经济利益，创造有利于持续发展的国际环境，提升国民自信心，并最终促进国家竞争优势的形成"。

近年来，越来越多的国家开始致力于通过自我营销来树立和传播国家形象，在世界市场上吸引更多的投资者、消费者和游客，从而在与其他国家竞争中占据优势。韩国的国家营销为其企业全球化的发展提供了强有力的推动作用。例如，韩国集国家之力打造其韩剧品牌。在韩剧中，我们随处可见韩国的文化、经济现状，使得世界人民加深了对韩国社会的了解。同时，韩剧大力宣传其本土品牌，如现代汽车、LG 家电等，成功推动了其品牌的国际宣传。

当今社会，国家之间的竞争不只停留在"硬实力"的较量上，"软实力"的较量日趋重要。在全球传播时代，中国亦开始注重通过全方位营销来提升自己的国际地位。

　　当代中国与世界研究院发布的《中国国家形象全球调查报告 2019》显示，79%的发展中国家民众认为本国与中国的关系重要，且越来越认可中国在内政外交方面的表现，对人类命运共同体理念和"一带一路"倡议的积极评价度也要高于发达国家受访者。根据皮尤研究中心（Pew Research Center）的数据，越是富裕国家对中国的态度越消极，如日本（85%）、瑞典（70%）、加拿大（67%）和美国（60%）等；而尼日利亚（70%）、黎巴嫩（68%）、突尼斯（63%）和肯尼亚（58%）等非洲和西亚国家对中国的积极评价则超过半数。

　　在此背景下，中国积极在新媒体领域寻求广大发展中国家和其他友好国家的支持与合作。2016 年 7 月，"一带一路"媒体合作论坛在北京召开，人民日报社、人民网和南非时代传媒集团、哈萨克斯坦国际通讯社、埃及《消息报》等16 家中外媒体发表了共同宣言。2019 年 4 月，"一带一路"新闻合作联盟首届理事会议在北京举办，南非独立传媒集团执行主席伊克博·瑟维（Iqbal Survé）发言表示，在建立更通畅的全球信息渠道的过程中，各国要拥抱新媒体和新技术，用好互联网和社交平台。中国与发展中国家共建新媒体联盟，实现传媒的互联互通，是应对"西强中弱"传播格局的可行之策。

　　2009 年，一则由商务部主导制作的"中国制造，世界合作"形象广告在美国有线电视新闻网（CNN）正式播出，该广告以"中国制造，世界合作"为主题，强调中国企业正在与海外各国公司加强合作，被认为是政府"主动出击"塑造中国形象的有力举措。"中国制造，世界合作"形象广告开启了以广告片方式进行国家营销的重要尝试。2011 年 1 月，由国务院新闻办公室筹拍的《中国国家形象片——人物篇》在美国纽约时报广场大型电子显示屏上播出，同时也通过 CNN 的各个频道向全球播放，中国各领域的杰出代表和普通百姓在片中逐一亮相，以期让世界了解一个更加直观、立体的中国国家新形象。在此之后，成都、桂林、张家界、青岛、丽江等旅游胜地以及北京、上海、江苏、福建等 30多个省市形象片、企业形象片相继亮相纽约时报广场，以多种形式向世界展现中国文明古国的当代风采。

与企业不同，国家品牌"营销"的诉求是试图通过品牌要素的协同作用和持续传播获得外部世界的理解、信任与支持，或者改变原有的误解、偏见和敌意，塑造可信、可爱、可敬的中国形象。因此，国家品牌的打造需要因时而变、随事而制，不断增加新的内容，采用新的方法、手段。

2022 年，基于中国自身发展及其与世界关系的变化，北京冬奥会与世界携手"一起向未来"，把彰显新时代中国精神、中国价值、中国力量的形象符号立体呈现了出来，实现了中国形象系统的拓展与更新。在北京冬奥会上，人工智能、虚拟现实（VR）、5G 通信等先进科技手段的运用格外引人注目。从冬奥火炬"飞扬"的氢气低碳燃烧到主火炬的"微火"点燃，从 AR 合成的万千红丝带到数字科技编织的巨大中国结，从 24 小时不间断为上千人提供各式餐饮服务的机器人餐厅到比赛场馆中诸多"黑科技"的使用，北京冬奥会的科技创新令外来宾客大开眼界，深感震惊，以至于科技本身也成为一个重要符号，为当今中国形象增添了开放、包容、领先的意涵，体现了中国价值的历史性进步。

在我们当前面临错综复杂的国际环境的情况下，国家营销也是获得更多的外资流入和商业机会、改善我国外部经济环境、提高我国企业国际竞争力的有效手段。当一个国家的声誉好、形象佳时，方便之门往往会优先打开，赢得许多国际声誉。对国家进行营销，不仅有助于外国投资的流入，还有利于提高国内企业参与国际竞争的能力。以我国为例，我国已经有很多拥有世界级竞争能力的企业，并且已经开始介入国际市场。要想本国企业走出国门，文化产品、媒体工具也必须走出国门，为本国企业拓展海外市场建立有效的、低成本的"软环境"。这种"软环境"塑造的效果大大高于直接做广告的效果，降低了民族企业的市场拓展成本。此外，国家营销有利于提升民众自信心，当企业走出国门面对国外客户时，第一是国家品牌，第二是企业品牌，第三才是企业的产品及服务品牌。

从某种意义上说，良好健康的国家形象是一个国家最重要的资产；同时，国家营销是一项复杂的系统工程，需要由政府统一组织协调、企业和社会各界协力而为。即便是处于发展中的中国，也应重视从国家营销的层面全面、系统、快速地重塑中国的国家形象，持续改善中国企业在国际市场上生存发展的软环境，持续增强我们的民族责任心与自尊心、自豪感，并最终增强在国际上的竞争力。

第三章　影响国家形象的因素是什么

德不优者，不能怀远；才不大者，不能博见。

——王充《论衡·卷十三·别通篇》

中国是世界的中国，而世界则是包含中国的世界。中国无法忽视国际环境作为一个外在因素对自身国家形象的制约、塑造与构建。国家形象的形成过程受到内部因素和外部因素的共同影响。要想确立一个良好的国家形象并向外传播，还需要考虑外部因素对国家形象的影响和制约。

国际环境作为一个结构性因素对国家形象及其传播有着重要制约，对中国来说尤其如此。政治价值观、思维方式和民族文化是构成国际环境的三个重要因素。当今世界民族国家林立，存在着不同的价值观、不同的思维方式等，这些因素共同影响着对他国国家形象的认知。

第一节　价值观的差异

不同的国家所选择的发展道路不同，价值观也会存在很大差异，这些不同的价值观代表了不同的政治文明形式。政治文明具有普遍性和特殊性，政治文明的普遍性是指政治文明具有超越国界的特性，产生于一国的政治文明形式通过政治文化的扩散，被其他国家所借鉴和吸收。一种政治制度或政治设施，如果只适用于某一国度，而不能为其他国度所借鉴，那么这样的政治制度或政治设施还称不上政治文明。只有产生于某一国度同时又能为其他国家所借鉴的政治意识、政治制度和政治行为，才称得上是政治文明。

当今世界的价值观有很多种，一个国家既不能照搬其他国家的政治价值，又不能对世界政治话语置之不理，很多发展中国家在国际上基本上是处于"被言说"的地位。当这些国家以自身的政治价值观去言说自身的时候，西方国家受自身和惯性认知的制约，不会认同这些发展中国家，因为这些国家自身的政治价值观与西方发达国家并不相符。此时，媒介的因素退居次要地位，换言之，传播的要素变得不重要了，价值因素却凸显出来。因此，对于发展中国家来说，未必要迎合他国政治口味，如何寻找到既适合本国政治发展又能兼容西方政治价值的论述系统和理论体系，或者如何构建一套自己的价值理论体系，成为发展中国家对外塑造自身形象的当务之急。

价值观在国家形象生成中的作用表现为——它为人们提供了对客体国家进行评价的标准系统。价值观念一旦形成，便构成人们内心深处的评价标准系统，对人们的思想、感情和行为起着普遍的整合和驱动作用。价值观作为评价标准系统，人们用这样的价值观去评判一个国家，从而表明自己的态度，并做出相应的选择。因此，价值观在国家形象生成过程中有着十分重要的作用，从一定意义上讲，价值观决定着主体如何认识和评价对象国家。

研究价值观离不开对价值的认识，因为价值观是价值的凝练与观念表达。对于价值问题，中外思想史上很早就开始了探索，如中国古代哲学对义利的争辩、古希腊哲学家亚里士多德的至善价值论等。然而，对于价值的定义，学术界至今仍然莫衷一是，大致有实体说、主客体关系说、属性说、功能说、意义说等。其中，主客体关系说的影响较大，也是中国价值研究的主流。

一般而言，价值观是人们对价值的观点与看法，通常涉及价值原则、价值理想和价值规范等内容结构，并会随着社会历史和生活环境的变化而变化。在西方，学者较早地开展了对价值观的相关研究。例如，1931 年，奥尔波特等开创性地编制了"价值观研究量表"，以此测量个人人格中的价值观；1961 年，美国学者佛萝伦丝·克拉克洪在《价值取向的变奏》一书中从操作层面整合了价值观的各种定义，指出价值观影响人的行为模式；1973 年，罗克奇提出了价值调查表，认为价值观是一种持久性的信念，这种信念指导人们的行动和态度；自 20 世纪 80 年代以来，施瓦茨等人从需要和动机的角度定义价值观。

相比于西方，中国对价值观的研究始于 20 世纪 60 年代，大都借鉴了西方的研究理念及研究方法。到了 20 世纪 70 年代末，关于真理标准问题的讨论使得价值观研究逐渐引起中国学者的关注，尤其是实施改革开放以来，社会状况发生了深刻的变化，国内外格局也在改变，这些都使作为社会存在之反映的社会价值观也随之发生变化，学者们对价值观的研究掀起热潮，这些研究深化和拓展了价值观研究的广度与深度，并涌现出了很多有影响的学者及学术成果。

人类文明发展的进程表明，由于各国经济基础、社会结构、历史传统、思维习惯、生活方式等方面的差异，各国的价值观体系复杂多样且各不相同。价值观并非是单一的，而是一个系统，且具有一定层次性，各种价值体系的地位和作用不尽相同，但其中必有一种价值观处于整个系统的中心地位，起着引领、主导、统摄作用，这就是社会的核心价值观。

在人类发展历史上，国家也在意识形态建设中努力形成并不断巩固其核心价值观，注重充分发挥其维护政治统治以及巩固政权等方面的功能。需要指出的是，任何一个国家的核心价值观念都是在长期的历史积淀中逐步形成的，它承载着这个国家的民族精神和价值追求，是国家制度的体现，并凝聚起国家发展的精神力量。因此，在国家和社会的发展过程中，核心价值观的影响力是深远而持久的；任何社会的稳定和国家的发展都离不开核心价值观的强力支撑和有效维系。

所以，核心价值观既有价值观的一般功能，还有其自身独特的作用，具有明显的意识形态的导向性。简而言之，核心价值观的特殊功能集中体现在对社会思潮的引领和凝聚功能，是一种巨大的精神力量，以其感染力和号召力化解因价值观不同所产生的社会分歧，从而在"和而不同"中引导社会发展。尤其是当今世界，核心价值观构成了国家的软实力的一个重要组成部分，发挥着经济发展、军事实力、科技力量等"硬实力"所不可替代的作用。

要充分理解核心价值观的重要功能，需要把握两点：其一，核心价值观是国家意识形态的重要组成部分，承担着引导与统领的功能，因而必然具有主导性的特征，这也体现着国家对意识形态领域的控制力。核心价值观是借助国家的力量整合多样化社会价值观的结果，其内容既有鲜明的时代特色，又体现着对历史的尊重。其二，核心价值观反映了社会和时代发展的要求，是社会稳定发展的思想基石，能够引领社会思潮，规范社会行为，从而化解社会矛盾与冲突。目前，中国在经济结构、利益格局、社会生活等诸多领域都明显呈现多样化态势，使得多元化思潮交织纷呈，核心价值观只有坚定地保持其主导性地位，才能真正发挥其他价值观体系不可替代的影响力，引领和整合多样化社会思潮，从而为社会的稳定提供强大的精神支撑。

一般而言，核心价值观主导性地位和功能的发挥，一方面需要运用国家力量，尤其是充分利用国家所控制的舆论宣传工具，牢牢掌握舆论引导的领导权和主动权，使核心价值观融入公民的日常生活中；另一方面也需要调动社会各方面的力量，在政治社会化进程中强化核心价值观的内容，这是一项复杂而艰巨的系统工程。

当然，核心价值观占据主导性地位，并不意味着要使社会价值观呈现唯一性；相反，在价值观领域存在差异与多元不仅是客观的，而且也是必要的。当今时代是个多样化的时代，多样的信息和多元的文化同时存在，不同阶层在物质上存在分化的同时，在思想观念和价值选择上也有明显的差别，这在客观上对核心价值观的建构提出了包容多元的要求。

当前，中国社会主导的价值观是社会主义核心价值观，既是马克思主义中国化的最新理论成果，也是中国人价值观的"最大公约数"，凝结了全国各族人民的价值共识，集中体现了中国特色、民族特性和时代特征，为我们构筑全民族精神纽带、塑造共有精神家园提供了重要支撑，是人们对社会主义应有的核心价值的判断和认定。因此，核心价值观不能停留在表面和口头，最关键的是"发乎于心，践之于行"！

第二节　思维方式的差别

思维方式是一个民族文化心理特征的集中体现。它不像政治价值观那样是一套观念，而是隐藏在人们头脑中的一种机制，如果没有明确的提示，甚至人们都不会意识到它的存在。退一步讲，即使能意识到它的存在，很多人也不知道思维方式作为一种机制是如何运作的，又是如何影响人们的行为的。它不像文化价值观那样宏观，它是微观的，但是它外化出来所带给现实世界的影响是巨大的。

这里不是要用抽象的语言来论述思维方式本身，而是要论述思维方式作为存在于人们头脑里的一种运行机制，对人们认知非本民族国家的国家形象会产生何种影响。这里隐含的一个逻辑是：异质性思维之间容易产生误解和沟通的障碍。以东方人和西方人之间的思维方式的不同来说明这一问题最为恰当。东西方思维方式的差异性主要表现在如下几个方面：独立思考与中庸之道、逻辑思维与整体关系、控制环境与天人合一、批判思维与相信权威等。

首先，西方人总是倾向于相信自己的判断，认为每个人都是一个独立的个体，个人有能力控制自己的行为。因此，他们相信自己的独立思考，按照自我的意愿去处理与周围事物之间的关系，个人的意志在他们的生活中占据着非同寻常的地位。东方人尤其是中国人则更多地相信中庸之道，他们追求天道与人道的合一、天性与人性的合一、理性与情感的合一。

其次，西方人相信逻辑推理，对形式逻辑的痴迷使他们总是倾向于弄清隐含于事物之中的内在规律，因此，他们会将一个完整的事物按照逻辑进行分解。西方哲学家葛瑞汉指出："在文明世界的两端，两种传统间最显著的差异是在逻辑的命运方面。对于西方人来说，逻辑是中枢，这条传播的线从来就没有中断过。"而东方人认识事物并不是将事物按照逻辑进行分解，而是倾向于从事物的整体出发去认识，不仅认识到单个的事物，还将事物放置其所处的关系中去理解。

再次，西方人比较强调控制环境，具有征服和向外开拓的一面。这是"主体"和"客体"二元对立思维特征的一个表现。这一思维将自己看作主体，将环境看作客体，将环境视为自身的对立物欲加控制使其为我所用的对象。而东方人则相对比较看重人与自然的和谐统一，认为人不是外在于自然的，而是自然的一部分。东方人追求的境界是人与自然的高度和谐统一，而不是单方面强调征服自然，甚至认为人应该师法自然。正如老子所言，"人法地，地法天，天法道，道法自然"。尽管这里的"自然"不仅是指自然界，准确地说是指"无称之言，穷极之词"。不是说中国人的思维方式完全就是道家的思维，它只是中国式思维方式的一个组成部分，但它在中国人思维方式中所处的地位非常重要。

最后，东、西方思维方式的差异性还表现在批判性思维与相信权威。批判性思维起源最早可追溯到2500年前的古希腊思想家苏格拉底。苏格拉底认为，一切知识均从疑难中产生，愈求进步疑难愈多，疑难愈多进步愈大。批判性思维的第一个模型是"苏格拉底方法"或"助产术"——苏格拉底所倡导的一种探究性质疑（Probing Questioning）。通过苏格拉底式提问（或反驳、辩证法），人们被要求澄清他们思考或研究的目的和他们的意思，区分相干和不相干的信息，然后检验其可靠性和来源，质疑他们自己和他人所言包含的假设，按照合作的精神，从不同的视角进行推理，探查他们自己和他人所思考东西的后果或意涵，整理他们知道或以为知道的东西的理由和证据，也对他们面前的证据和理由保持敏感。通过提问，揭示习以为常、理所当然的信念背后的假设所包含的不一致性，以探求新的可能答案。苏格拉底的批判性思维的实践，被后来众多的学者所传承，这其中就包括记录其思想的柏拉图、亚里士多德以及希腊智者。这些学者都强调，我们所看到的东西与事情实质之间有很大的区别，只有受过专门思维训练的人才能够通过虚假的表面看到事情的实质。这个时期希腊智者的实践诱发人们进一步探求事情真相的需求。人们更加渴望理解更深的实质，他们进行系统的思考，通过各种途径对些微线索进行广泛而深入的调查。

20世纪80年代以来，美国、英国、加拿大、澳大利亚、新西兰、菲律宾甚至发展中国家委内瑞拉，都把"批判性思维"作为高等教育的目标之一。世界高等教育会议发表的《面向二十一世纪高等教育宣言：观念与行动》中的第一条标题是"教育与培训的使命：培养批评性和独立的态度"。第五条"教育方式的革新：批判性思维和创造性"中指出，高等教育机构必须教育学生，使其成为具有丰富知识和强烈上进心的公民。他们能够批判地思考和分析问题，寻找社会问题的解决方案并承担社会责任。为实现这些目标，课程需要改革以超越对学科知识的简单的认知性掌握，课程必须包含获得在多元文化条件下批判性和创造性分析的技能，独立思考和集体工作的技能。

西方自由主义传统确立了个人的权利、私有财产、意见和个人表达的自由，这些原则排斥政府的干预和强制。因此，西方人对待政府通常持批判态度，这与他们认为政府是"必要的恶"的观念有关。反映到媒体的角色上，他们所持有的自由主义传统强调媒体是政府孜孜不倦的批评者，这不是个人有意要对政府吹毛求疵，而是批判性的思维方式使然，正因为如此，他们对政府这个"必要的恶"始终持警惕立场，通常与它保持一定的距离。东方人普遍相信权威，中国古代曾有"以吏为师"的传统。

第三节　文化思维与国家形象的关系

文化思维与国家形象之间的关系，主要着眼于某一个国家主体文化对国家形象的影响和制约，因为对国家形象的认知产生影响的往往是该国影响较大占主导地位的文化。

研究显示，美国人较为重视个体的价值和个人权利的保障和实现，在他们重视的价值中很少强调个人与他人之间的关系，很显然，个人主义的倾向较为明显。这与中国人所重视的文化价值不同，中国人较为重视集体，个体是处于次要地位的。美国人是外向的文化性格，而中国人是内向的文化性格。美国人重政治价值，中国人重伦理价值。

更为经典的论述要数林语堂先生在《吾国吾民》中所写的中国人的德行。他认为中国人的德行包含这样几点："圆熟、忍耐、无可无不可、老猾俏皮、和平、知足、幽默、保守性。"根据美籍华裔学者孙隆基的研究，他认为尽管中国已经走在了现代化的道路上，诸多方面都发生了很大的改变，但是制约中国人行为的"深层文化结构"依然没有变化，中国人的很多行为都能从中国几千年沉淀下来的文化的深层结构中找到线索和行动根据。

文化间的差异是显而易见的，也是客观存在的，但问题的关键是，西方的强势文化不仅对发展中国家和发展中民族的文化形成冲击，而且他们面对发展中国家和民族的文化表现出超乎寻常的傲慢与偏见。很显然，傲慢与偏见会进一步加大本已存在的民族文化价值间的差异。

第四节　影响国家形象的其他因素

国家形象最根本的决定因素不取决于媒体"如何传",也不取决于外在因素"如何建构",而取决于一国内部"如何做",即最终决定于一个国家秉持何种国家理念以及在这种国家理念指导下所进行的国家建设实践。

政治因素、经济因素、文化因素等外在因素在国家形象塑造中的轻重次序跟当时所处历史阶段有关。如果是在战争状态,原本意识形态不同的敌对国家可能因为新的更危险的敌人而走向联合,因此本国国民对传播对象国的认识也有可能由原来的排斥敌对而变为友好包容,尽管此时两者的社会制度不同,原本应占据首要因素的"政治价值观和意识形态的斗争"反而退居次要地位。冷战结束后,世界进入"多极化时期"。因此,考察外在因素之间的关系必须将其置身于具体的历史阶段之中。

影响国家形象及其传播的内部因素是一国的国家理念及其在这一国家理念下所进行的国家建设实践,每个国家理念的确立完全取决于各国民众的历史选择、文化传统、地理环境等,国家建设实践是实实在在的,必须是国家、市场和民众这三个部分之间的良性互动。市场追求的是利润,资本在中间起着重要作用,因此它要求的是自由逻辑;而民众以生存为目的,因此它要求的是最简单的生活逻辑。这三者的良性互动共同构成了决定国家形象的内部因素,这三者如何互动在国家形象的构建中至关重要。

强调内在因素的决定作用,并不意味着排斥外在因素的影响。同时,将两者区分开来论述,也并不表示两者之间毫无关系、各自单独在起作用,恰恰相反,在现实的国家形象构建中,内部因素和外部因素紧密地纠缠在一起。外部环境和差异往往通过内部的理念起作用，内部理念与外部环境之间的吻合程度往往成为其他国家判定传播主体国家形象的一个标准。对于内部理念与外部环境高度一致的国家来说，塑造国家形象相对容易些，但对内部理念与外部环境不一致的国家来说，这将是一个巨大的挑战。而现实的出路不外乎这样三条：其一，坚持自身主体性，用自身的理念去挑战现有的权力结构，将自身的特殊性变为普遍性，使自身成为外部环境，由自身理念去建构规则，进而影响其他国家；其二，调整自身理念，削平自身的特殊性，使自身成为外部普遍性的一部分，迎合外部环境，使自身与外部环境相一致；其三，将坚持自身的主体性与吸收外部环境的合理因素相结合，采取融入的策略，通过自身改变和环境改变来塑造全新的国家形象。

中国文化价值观是影响、构成我国国家形象的重要因素。国家形象建构是一个充满变数的复杂过程，既受历史因素的影响，也反映当下国家的政治、经济、文化状况及其与国际社会的关系。

回顾历史不难发现，近代以来，西方媒体所呈现的中国大都不是真实的中国，而是西方文明优越论视域下的产物，是由这一思维、心理定势形成的偏见，中国形象在很大程度上受到扭曲。因此，中国文化价值观的彰显及其影响力的扩大也就成为当务之急。

中国的文化价值观是凝练了五千年文明精髓、充满东方智慧的世界观与方法论，不仅具有完整的框架结构，还具有与时俱进的特征。而全球发展倡议、全球安全倡议和全球文明倡议正是中国立足当下、面向未来提出的全球治理方案，充分体现了中国智慧和中国的人文理念，是中国世界观与方法论的集中展现。

一个国家是否拥有良好的形象，除了"硬实力"方面的因素之外，还取决于其价值观念和话语体系是否能够有效回答和解决当今世界面临的重大问题，其文化能否作为独特的存在而受到世人的尊敬。这在客观上对我国国际传播工作者提出了新的任务：在新时代助力中国价值的深入挖掘、准确提炼和充分阐释，加快进行国家形象定位、国家品牌打造、国家形象管理的创新探索。

长期以来，在中国价值的国际传播方面，我国主流媒体一直发挥着主力军的作用。然而最近10多年来，在美国对华战略发生根本性转变的情况下，美国政界及舆论界开始刻意弱化或屏蔽来自中国媒体的声音。这就要求中国媒体努力探索资源整合、协同传播的路径，以期打破封锁，实现舆论突围。与此同时，数字化发展带来了新的机遇，国内社交媒体的使用者由此获得参与国际传播的可能性。随着外部世界对中国关注程度的不断提高，我国社交媒体日渐成为国际社会、国外媒体、网民了解中国信息的重要渠道以及国际媒体涉华报道的新闻来源。例如，视频博主李子柒因为拍摄乡村古风生活、传统美食、传统文化方面的内容而走红，在海外社交媒体平台上产生了巨大影响，其粉丝数甚至超过BBC、CNBC等全球知名媒体。此外，社交媒体本身具有全球性质，无论哪个国家的网民，只要身在中国，就可以通过社交平台发布信息。目前，在中国生活、工作的"洋网红"越来越多，他们通过拍视频、做直播展现外国人眼中的中国，将真实的中国搬上国际社交平台。同时，数字技术的发展必将赋能多元主体和多样化平台，以全新的信息采集、处理和分发方式突破既有的局限。而5G等新技术的发展又将为国际传播带来更具沉浸感和参与感的下一代应用服务。我们应当牢牢抓住科技发展带来的机遇，进一步丰富中国价值的传播手段，拓展传播渠道，提升传播效能。

第四章　国家形象定位及传播策略

凡战者，以正合，以奇胜。故善出奇者，无穷如天地，不竭如山河。

——孙武《孙子兵法·势篇》

国家形象，是特定国家的历史与现状、国家行为与活动在国际社会和国内民众心目中形成的印象和评价。塑造良好的国家形象，对于提升国家地位、促进国家发展、维护国家安全、增强综合国力和国际竞争力都具有十分重要的意义。中国的发展过程，是从站起来、富起来到强起来的历史进程，也是不断建构完善国家形象的过程。中国的国家形象建构积累了丰富经验，这些经验对于新时代国家形象建构、增强文化自信和文化凝聚力等都具有重要启迪意义。

第一节　重视国家形象研究

目前，国家形象研究作为国内外学术界关注的热点课题之一，内涵丰富。然而，中西方学者的研究存在明显差异。

中西方学者对国家形象概念的界定各有侧重。通过分析和比较，国家形象的概念主要由两个维度构成：一是国家的客观存在，包括一国的政治制度、历史文化、地理环境、经济发展、战略决策等因素，它是构成国家形象的基础；二是本国公众和他国公众对一国形象的认知和评价，而这种认知与评价会受到认知主体、认知环境等因素的影响。西方学界把政治学、心理学、传播学、社会学的概念和分析范式引入国家形象的研究中，产生了一批优秀的研究成果。其内容主要涵盖三个领域：从国际关系学角度研究国家形象及其对外政策的影响；关注国家形象与商业行为之间的关系；传播学视角下国家形象的研究。

首先，西方学界关于国家形象的研究最早出现在国际关系学领域的现实主义理论当中，当时研究者只是在相关研究中提出了与"国家形象"相近的概念，如"威望""声望"，并没有在理论层面上对国家形象进行系统的阐释。例如，现实主义大师摩根索提出"威望政策"，对国家而言，"威望政策的目的在于使别国对自己国家实际拥有的权力，或它自认为拥有的权力，或想使别国相信它拥有的权力产生深刻的印象"。国家威望不仅是他国判断一国未来行为的基础，也是各国维护自身利益的重要手段。

20世纪末，随着日益激烈的国际竞争，西方学者更多地关注国家形象对外交政策的影响。约瑟夫·奈认为，国家形象作为重要的"软实力"资源，源自一国政治、文化和价值观念的吸引力，这种吸引力会对一国外交政策产生重要影响，如果一国的合法性被其他国家承认，文化与价值观念具有吸引力，其他国家愿意追随，那么该国对外政策无须做出改变。反之，如果一国国家形象较差，那么在对外活动中该国很难得到其他国家的尊重。美国国家形象理论奠基人赫尔曼（Richard K. Herrmann）在《国际关系中的形象》一文中阐释了外交活动中国家形象的重要性。他认为，在国际体系中一国的意图很难判断，在一定程度上国家形象可作为判断其他国家意图的最直接依据。可以说，国家形象是国际关系中决定合作与冲突的重要因素。

其次，不少西方学者着眼于研究国家形象与商业行为之间的关系。商业视角下的国家形象研究更着重于联系实际，以"旅游目的地"商品化为基础的目的地形象研究与服务于国家经济竞争的国家品牌研究备受关注。研究者认为，旅游目的地作为一个特殊的产品会受到来自国家形象的影响，提出国家形象是目的地形象的前因，并指出目的地形象研究应考虑更深层次的国家和人民信念。同时，在商业视角下相关学者提出国家本身就是一个品牌，并作为无形产品或资产在国际竞争中发挥重要作用。还有一些学者以新兴市场经济国家为研究对象，提出在全球经济化条件下，新兴市场经济国家实施品牌化战略可以有效开展竞争，摆脱作为发达国家原料供应地的弱势地位。在此基础上，国家品牌的构建被研究人员所关注。

最后，国外学者对国家形象传播的方式展开了广泛的讨论，认为大众媒体在建构"他塑形象"中发挥了关键作用。国外一些研究者还强调国家形象传播的多样化，例如，Suman 通过实证研究建构了国际公关与国家形象关系之间的理论模型，即一个国家对形象输入国投入公共关系的成本越多，其形象越正面。还有一些学者提出学校教育、国家间的外交活动是传播国家形象的有效方法。

综上所述，西方学者在不同学科视域下对国家形象的形成、传播及发展进行了广泛且深入的分析，对国内学术界的国家形象研究具有重要的参考价值。

国内学术界国家形象研究的主要目的是扩大国际话语权、提升国际影响力。国内关于国家形象的研究集中在政治学与传播学领域，内容主要涵盖三个方面：国家形象构建路径、国家形象传播策略与国家形象评估。

国家形象是一个多维概念，它既不是单维的事实性概念，也不是线性的观念性概念，而是一个融合实体、反映和认知等多重内涵的结构性概念。为此，在研究国家形象构建时，国内学者把视野集中在三个层面上：客观形象、媒介形象与认知形象。

第一，客观形象是国家形象最基本的层次。客观形象既是国家实际情况（包括一个国家政治、经济、文化、社会等各个方面的形状、性质、姿态、状况等）、国内外的各项行为及作为的总和，还是一个国家物质文化与精神文化的整体状况，有学者称之为"源像"。由此可见，客观形象或"源像"是国家形象的机械表达，是具体现实状况的机械式自然呈现，因此客观形象多表现为一些粗浅的、大体的且局部的形象轮廓。

第二，媒介形象是指媒体文本中呈现的具有象征性、隐喻性和代表性的形象群。国家的媒介形象是对国家客体形象的有机表征，其源于国家的客体形象，但并非国家客体形象的"镜式反映"。国家媒介形象的构塑包括"他塑"与"自塑"两种方式。"他塑"主要是指他国媒体建构另一国形象。实质上，"他塑"是以被塑造国的差异为考量来证明塑造国主流意识形态的存在合理性，从而满足为塑造国在国际行为中最大限度地谋求利益的需求。20世纪90年代以来，李希光等一批学者通过大量研究西方媒体有关中国的报道，提出西方媒体极力渲染"中国威胁论""中国崩溃论"等，它们建构的中国形象有相当大的扭曲。因此，国家形象的"他塑"研究离不开具体的社会历史语境、国家的价值取向、媒介组织不同的信息环境等，且有必要把国际关系、世界秩序也纳入国家形象构建的视野中来。

与"他塑"相比，"自塑"中媒体对本国形象的塑造是主动的，国家可以依据本国实际情况，按照自己的意愿建构一国的形象。整体来看，大多数国内学者均强调国家实力是国家形象"自塑"的基础。例如，赵雪波认为，一个国家的国家形象是其自身实力和现实特征的表现，国家可以通过改变自己的实力和某些特征来达到改变自己在外界形象的目的。杨冬云也提出，一国自身的发展会影响到人们对国家形象的认知与评价。中国的研究者多以政府和官方媒体作为国家形象"自塑"的主体，这种研究思路主要基于外国媒体，尤其是西方主流媒体在"他国形象"建构中容易出现误读和偏见的原因，因而提出应加强主流媒体对国家形象的"自塑"。

第三，认知形象是国内外公众对一国形象的总体认识与评价。认知形象是基于客观形象与媒介形象建立起来的，但并不是两者的简单叠加。有学者指出，基于现实经验，公众对国家形象的认知多来源于媒介呈现的"镜像"，但有两点需要注意：一是媒介形象并非现实世界的"镜式反映"；二是认知形象与媒介形象不是精确对应的关系，认知形象是公众对媒介形象进行接收、编码、存储和利用之后所建构的。国家形象是国家客观现实经过文化价值观、国家利益观、大众媒介三种偏曲后投射在国内和公众意识中的主观镜像。概括而言，国家认知形象受三方面因素的影响：一是媒体为公众呈现的有关国家面貌的信息，这些信息的内容、形态、数量、视角、态度、价值取向等影响着公众认知；二是信息传播的渠道、方式、频率、策略等；三是公众自身的情况，包括认知基础、文化和身份背景、认知习惯、接受媒介形象信息的语境等。

综上分析，国家形象是一个需要多重手段构筑的系统工程。因而，国家形象构建研究需突破现有的研究视角，向多元化的研究方向转变。可喜的是，目前国内一些学者已开始尝试从不同的角度探讨国家形象建构的路径，并取得了初步的成果。其中，具有代表性的是基于营销学视角下从广告、品牌、消费者心理等方面分析如何塑造国家形象的研究。

如何持续有效地传播中国形象是国内学界研究的一项重要课题。目前，中国的国家形象传播面临两方面困境：一方面，中国政府积极主动向外传播正面形象；另一方面，在世界范围中国的负面形象并未获得预期的改善。为此，国内不少学者开始重视国家形象传播策略研究。

第二节　对国家形象进行定位

国家形象定位是指根据国家在国际社会中的位置，清晰认知自己的地位和发展程度，根据实际情况做出国家形象的塑造和建构。

一、现代化的发展中国家

中国是发展中国家，承认自己正处于发展中国家的行列，才能够为自己赢得较为宽松的国际环境。目前，有一些国家视正在崛起的中国为威胁，处处遏制、打压中国。因此，一方面，我们要继续坚持走中国式现代化的道路，以中国式现代化全面推进中华民族的伟大复兴；另一方面，我们要应对国际社会对中国快速发展的担忧，积极向外界传达我国遵循创新、协调、绿色、开放、共享的发展理念。

二、发扬传统文化的国家

中华优秀传统文化是中华民族的文化根脉，其蕴含的思想观念、人文精神、道德规范不仅是我们中国人思想和精神的内核，对解决人类问题也有重要价值，同时也是我们国家形象的精神源泉。

自古以来，中华传统文化崇尚和合共生，主张和而不同，追求和平、发展、合作、共赢是我们对待世界和其他文明的一贯态度和价值观。其中，"和合"文化是中华文化的主要内涵之一，以和为贵的"和合"精神是中华文明的核心价值。

中华传统文化是国家形象建构的"根"和"魂"，因为优秀的传统文化是提升文化自信以及增强文化"软实力"的基石。国家形象建构与传统文化、新时代特色文化密不可分，后者对前者具有直接的现实意义。具体而言，我们的文化自信有历史渊源，它来自对中华传统文化的崇敬，基于数千年文明的优秀传统文化强大的底气和自信。从文化角度而言，文化自信的根基在于数千年积累起来的博大精深的传统文化，以及华夏各民族丰富多彩的文化，传统文化和民族文化是实现文化强国梦的基础和精神动力。当然，文化自信离不开我们的核心价值观，离不开改革开放后建立起来的新时代特色文化。文化自信、文化强国建设、国家形象建构三者之间存在着逻辑关系，它们与中华传统文化同样也是密切相连：传统文化是核心，也是基础，它是文化自信的前提条件；传统文化同样是文化强国建设的强大基石，当前及未来国家形象建构和升位同样离不开博大精深的传统文化的支撑。

简而言之，我们提出的文化自信是有底气的——它来自我们五千多年一以贯之的中华文明的积淀，来自数千年日渐丰富、完善的优秀的传统文化成果，这是从历史角度而言的。要展示中华传统文化特有的魅力，就要从国家战略、顶层设计、营销渠道和民族文化品牌等角度展开，各个渠道、各种载体同时运作。同时，设置有利于中国发展和人类文明进步的话题，从根本上掌握议题设置权和话语权，构建文化的国际传播体系，通过中华传统文化在世界各国的传播，综合提升国家形象。要加强对外传播，深刻地影响国际公众的文化认知和看法，在传播中国传统文化产品、开拓海外市场的同时，提升国家形象。要向世界讲述更生动的中国故事，传播更响亮的中国声音，向世界展示道路自信、理论自信和制度自信，增强话语自信。①

三、融入世界发展潮流的国家

孙中山先生提出："世界潮流，浩浩荡荡，顺之则昌，逆之则亡。"在全球化的今天，中国不仅要坚持走现代化发展中国家的道路，宣扬传统文化下的民族精神，还要积极投身世界发展的潮流当中去。积极参与国际事务，在涉及全球性问题的领域积极发言，表现自己融入世界大格局的决心。在环境与健康、区域性

---

① 戴立兴，李琪，张亚娟. 坚定"四个自信"[M]. 北京：人民日报出版社，2019.

合作与交流、人类发展的重大问题上表明自己的立场和态度，积极投身到维护世界稳定和发展的浪潮中去。只有把自己置身于世界的发展潮流之中，顺应世界发展的大趋势，才能顺势而为，走向繁荣富强。

四十多年前，中国乘着改革开放的春风扬帆起航，在世界发展大潮中搏击风雨、勇往直前。中国向世界所有的国家敞开了大门，大批引进国外的资金、技术和先进的经营管理理念，允许国外企业家在中国投资设厂，在促进中国发展的同时共享庞大的中国市场。中国一跃成为世界制造业大国，获得了"世界工厂"的称号。中国的经济实现了腾飞，综合国力和国际影响力显著增强，对外开放开阔了中国人的视野、振奋了中国人的精神、提高了中国人的生活水平。与此同时，中国人也不断走向世界，逐渐融入世界发展的潮流中，特别是随着中国经济实力的增强，一大批中国企业开始将目光投向全球，在世界许多国家投资设厂，参与世界竞争，中国初步实现了从"引进来"到"走出去"的战略转换，"中国制造"逐渐让位于"中国创造"。在这样一幅多姿多彩的"你来我往"的中外交往图景中，人们更加清晰地认识到当今中国所处的历史方位，感受到中国和世界各国命运相连、休戚与共的紧密联系。

闭关锁国导致贫穷落后，对外开放带来繁荣富强。邓小平同志在改革开放之初就曾告诫全党：关起门来搞建设是行不通的，中国的发展离不开世界。改革开放以来，在对内改革与对外开放的现代化演进路径中，从最初的经济特区"杀出一条血路"到沿海、沿江、沿边、内陆地区再到加入世界贸易组织，我国逐渐形成了全方位、多层次、宽领域的对外开放格局。今天的中国，早已经不是四十多年前相对封闭的国家，而是逐渐开始从对外开放之初"国际规则的受动者"向"国际规则的制定者"的转变，我们的生产和生活，成为与全球场域休戚与共的关键一环。我国的国际影响力和营造有利国际环境的能力不断强化，一举一动越来越引起世界的关注。从党的十八大召开到"中国梦"的提出，从"一带一路"倡议设想到"亚投行"的发起等，都表明中国对世界的影响在不断加深，已经进入与世界深度互动阶段。

中国融入世界的标志性事件是 2001 年加入世界贸易组织。从经济维度来看，加入世界贸易组织是中国经济活力迸发的关键外部助力。2010 年，中国超过日本成为仅次于美国的世界第二大经济体。2001~2018 年，中国经济总量在世界经济总量中的占比从 4.1% 猛增到 16.1%。而 1978~2000 年，这一比例仅从 1.8% 增加到 3.7%。中国从融入世界中获得的经济红利，无论怎么强调都不过分。总之，加入世贸组织是中国融入世界的一个历史性节点，这个节点也是中国外交整体上转型、升级的开端。21 世纪初，中国领导人做出"中国迎来可以大有作为的重要战略机遇期"的战略判断。自此，中国外交开始超越单一的经济维度，在内涵和外延上进行拓展，提出倡议、搭建平台、创造机遇，更加主动地塑造外部战略环境，成为中国外交转型、升级的显性特征。

四、中国式现代化的国家

要理解中国式现代化，首先需要理解为什么是中国式现代化，而不是中国特色现代化。20 世纪 80 年代初，我们提出了中国特色社会主义。这一提法的背景是当时存在一个苏联式的社会主义。我们要搞农村改革、城市改革，与苏联模式不同，所以称之为中国特色社会主义。到 1987 年，我们定位于社会主义初级阶段，以便推进改革。但这次我们没有称之为中国特色现代化，而是称之为中国式现代化。这意味着现代化已经没有可以清晰对比的模式，中国的现代化道路本身就是一个模式，说明我们的道路自信和理论自信又往前走一步。中国式现代化不仅是一条历史道路，而且是一种新理论。

中国自 1978 年开始的经济转型并没有遵循"华盛顿共识"，而是以解放思想、实事求是的方式推行渐进式改革。同时，放开符合比较优势、能够形成竞争优势的产业的准入，推动经济快速发展，资本迅速积累。原来不符合比较优势的资本密集型产业也逐渐符合比较优势，为后续改革创造了条件。

中国式现代化是人口规模巨大的现代化，是全体人民共同富裕的现代化，是物质文明和精神文明相协调的现代化，是人与自然和谐共生的现代化，是走和平发展道路的现代化。中国式现代化的这些特点实际上反映了中国现代化的历史根基禀赋与目标价值取向及其对人类文明的伟大意义。我国历史悠久、幅员辽阔、人口众多，想要振兴发展，最重要的就是秉持唯物辩证主义，实事求是、立足国情、走自己的路。现代化不能仅是少数人、少数地区、少数领域的现代化，必须坚持和发展中国特色社会主义，推动全体人民共同富裕，推动全国各地区协同现代化，推动物质文明、政治文明、精神文明、社会文明、生态文明一体发展。中国式现代化是走和平发展道路的现代化，是人与自然和谐共生的现代化，是一种文明形态的现代化。《中共中央关于党的百年奋斗重大成就和历史经验的决议》指出，党领导人民成功走出中国式现代化道路，创造了人类文明新形态，拓展了发展中国家走向现代化的途径，给世界上那些既希望加快发展又希望保持自身独立性的国家和民族提供了全新选择。

以中国式现代化推进中华民族伟大复兴将创造具有世界历史意义的人类文明新形态。习近平总书记在党的十九届五中全会第二次全体会议上的讲话就指出，我国 14 亿人口要整体迈入现代化社会，其规模超过现有发达国家的总和，将彻底改写现代化的世界版图，在人类历史上是一件有深远影响的大事。按照党的二十大报告描绘的 2035 年基本实现现代化的前景，届时我国人均国民总收入水平将明显超过高收入门槛，巩固地处于高收入国家行列。中国迈入高收入国家行列，意味着全球生活在高收入经济体中的人口比重将由现在的 16% 倍增到 35% 左右。届时，不仅 14 亿中国人的生活水平将得到极大改善，而且将为其他 50 多亿中低收入国家人民的发展提供更大的市场空间和更丰富的技术来源，也将提供更多的中国经验用于帮助这些国家管理自己的发展进程，将极大地推动全世界的现代化。①

中国式现代化这一理念的提出有着深刻的国际背景，体现了中国领导层在百年未有之大变局中确定中国发展方略的宽广视野。中国式现代化，既有各国现代化的共同特征，也有基于我国国情的中国特色。这一中国特色集中体现在五个方面，即中国式现代化是人口规模巨大的现代化，是全体人民共同富裕的现代化，是物质文明和精神文明相协调的现代化，是人与自然和谐共生的现代化，是走和平发展道路的现代化。

一个国家的长远发展需要明晰的愿景，要想提出恰切的愿景，就需要在文明传承、历史纵深和世界格局中准确把握本国定位。首先，中国式现代化彰显了一种文明自信。永续发展的世界应该承载多彩的文明，人类的现代化应当兼容多样的道路，各国都有自主选择发展道路的权利。其次，中国式现代化是一种历史进程，建立在中华人民共和国成立特别是改革开放以来长期探索和实践基础上。最后，中国式现代化是应对世界变局的中国方略。中国坚持把国家和民族发展放在自己力量的基点上，同时也愿意与各国开展互利互惠合作，为中国发展创造有利的外部环境。

中华民族复兴步伐不可阻挡，人类文明进步潮流浩荡向前。中国式现代化给我国全面建成社会主义现代化强国提供了明晰的路径，也将给世界上那些既希望加快发展又希望保持自身独立性的国家和民族带来启示。

第三节　国家形象塑造的策略

树立良好的国家形象不仅要努力做好自己，也要综合运用国际话语体系和传

---

① 林毅夫，王贤青. 读懂中国式现代化：科学内涵与发展路径［M］. 北京：中信出版集团，2023.

播策略进行营销传播。

一、增强实力，打造务实的形象

国家形象虽然可以塑造，但却不能完全依靠信息传播来塑造，而应该从实际出发，做好自己的事，内化于心，外化于行，先求品质，再求品牌。短时间内的信息传播、形象塑造固然可以给人以好的印象，但最根本的是在国家建设发展中不断吸收人类文明的精华，善于学习，不断改造自我，先修身，后塑形。只有国家综合实力的提升才是形象塑造的根本，才能从根本上改变国家形象。

进入 21 世纪，人类社会更是进入综合国力激烈竞争的时代。逆水行舟，不进则退。"落后就要挨打"，发展与提升国家的综合国力将成为一国争取未来国际地位的重要基础和为国民福祉做出重要贡献的标志，世界各国都在为增强本国的综合国力而研究对策、采取措施。在这场以增强综合国力为主的"比拼"中，哪个国家能抢占到战略"制高点"，它就可能在战略上更占优势，政治更加兴盛，经济更加发达，军事更加强大，科技更加先进，文化更具生命力，就更有可能屹立于世界民族之林。经过 40 多年的改革开放，中国日益走近世界舞台中央，同时也必然面临与他国的竞争与博弈。

纵观历史上大国强国之间的竞争，大国的兴盛无不与高度重视发展强大的经济、军事等"硬实力"和提升政治制度、文化等"软实力"相关。15 世纪以来，葡萄牙、西班牙、荷兰、英国、法国、德国、日本、美国等先后崛起的国家，在历史兴衰和发展综合国力方面是典型的代表。

一个国家的综合国力十分重要，对该国在国际上的地位和国际事务中的作用，对参与国际竞争、谋求生存和发展以及国家间交往等方面的作用，甚至对国家的生死存亡都有着关键的影响。当今世界，国家间利益交错的网络空前复杂，相互博弈的模式无不以双方的实力为考量，正所谓"不谋万世，不足谋一时；

不谋全局者，不足谋一域"，国家决策层在制定国家大政方针时，国际政治专家、军事战略专家和经济学家等在研究和提供政策咨询时，都需要考虑国家综合国力这个重要指标。

因此，我们唯有真正让自身的"硬实力"和"软实力"都强大起来，打牢基础，增强实力，打造务实形象，才能从根本上改变国家形象。

二、调整心态，提高传播自信

在国际交往中自信，才能让国家形象得到真正"舒展"。因此，我们应该敞开心胸，以开放的心态迎接世界。我们既要认识到自己的发展和优势，又要看到自身的不足和劣势；既要展示自己的发展成果，也不回避存在的问题。

可从以小见大的视角挖掘自信的内涵，也可以在宏大的主题之下分成不同的模块来进行研究。文化自信要特别关注对审美能力和人文情怀的培养与根植。一方面，要加强礼和乐的培养，"乐者天地之和也，礼者天地之序也"，它们是可以被全世界人民共同理解的"语言"；另一方面，要增进对传统文化经典的阅读，深化对传统文化的理解可以更好地实现对传统文化的传播。总之，实现文化自信须"去功利性""去强势化""去自我"，随着人们核心价值观的逐渐形成、精神家园的逐步建立，文化自信将自然形成。

只有坚持文化自信，才能提高传播自信，才能形成提升国际形象的文化内驱力。文化自信是一个民族、国家、政党对自身传统文化和现代文化价值的充分肯定和积极践行，是对自身文化及其生命力持有的坚定信心。在五千多年文明发展中孕育的中华优秀传统文化，积淀着中华民族最深层的精神追求，代表着中华民族独特的精神标识。在庆祝中国共产党成立95周年大会上，习近平总书记再次强调要"坚持中国特色社会主义道路自信、理论自信、制度自信、文化自信"，指出"文化自信，是更基础、更广泛、更深厚的自信"，提出坚持文化自信，是对道路自信、理论自信和制度自信内容的进一步深化和完善。增强和提升我国文化软实力，提高前提就是要坚定文化自信。中华民族历经劫难，却生生不息、薪火相传，根本原因就在于优秀传统文化的魅力，在于厚重的传统文化的支撑。约瑟夫·奈认为，"中国的软实力资源之一，就是富有魅力的传统文化"。

相较于其他三个自信而言，文化自信注重内在，是一种强调核心价值观的自信。这种自信发自内心，由内而外，更能够让人心悦诚服。只有做到文化自信，才能够发自内心地真正做到其他三个自信。内化于心，外化于行，相应地，我们走这样的道路、坚持这样的理论、秉持这样的制度，文化自信自然而然就能得出。因此，文化自信既是其他三个自信的基础和精神动力与智力支撑，也是对其他三个自信的升华，是"三个自信"的内在要求和必然结果。四者之间相互作用、相互依存，相辅相成、相互促进，紧密联系、不可分割，构成一个统一的有机整体。

三、综合运用国际传播策略

在国家形象传播中，须遵循新闻价值，以国际化的表达方式进行传播，积极设置议程，力争引导舆论，站在国际交往的新起点，以新媒体、数字化平台为中枢，不断深化国际传播内涵，构建涵盖多元主体、多种文化、多重语境的中国特色国际传播战略体系。

国际形象的塑造要在数字技术和互联网传播方面发挥优势，要打造立体、沉浸式的传播方式，将技术与对外传播紧密结合起来。首先，多抓住国际活动、体育赛事等机会，将它们结合到我们的对外传播当中去，将外国记者和外国游客"请进来"，让他们鲜活起来，而不是无法落地的空谈，将官方主导的宏大叙事传播转变为个人体验式传播。其次，要利用好大数据技术，多关注传播实践的反馈和效果，对海外传播信息的传播效果进行量化评估，建立对外传播效果评价体系，总结经验教训，从而更好地指导传播。最后，要走产业化路线，不是简单地将媒体团队置于底层，而是多吸引一线人才进入核心团队，使体制内外的优秀人才深度融合、充分交流，给予他们参与顶层设计和决策的机会。

加强国际传播能力与国家形象塑造是一项系统工程，不仅是新闻传播方面的任务，更需要统筹多方力量，共同参与、共同努力。当前以社交媒体为主的新媒体平台，在国际传播与国家形象打造方面给我们提供了多样化的可能和更多的机遇。同时，国家形象也不是一成不变的，我们可以广泛利用各种新形式、新事物使中国的国家形象更加立体、更加丰满。在国际传播过程中，我们应当有一定的容错能力和包容度。新媒体本身就是一个多元平台，而且具有即时更新的特性，在具体事件中，我们可以通过多方渠道、多元声音，在交流中探寻真相，在不断更新中修正误区。总体来说，新媒体中的国际传播与国家形象塑造是一个协商对话的过程，要避免单向的输入或输出。中国有着丰富的文化符号，这些文化符号可以成为新媒体传播中的源泉，当然更重要的是众多富有创造力的用户，相信他们一定有智慧能够开创国际传播的新篇章。

四、增强中华文化传播力

一个国家如果在国际社会中具有良好的国际形象和较强的影响力，将能够在国际事务中更好地捍卫自身利益、推动自身价值观和发展模式的传播，并在全球舞台上发挥更大的话语权和决策权。因此，一个国家在国际社会中的形象和影响力对于其国际地位、国家安全、经济发展、文化传播等都具有重要意义。

在国家形象传播中，我们更应该增强中华文化的传播力。中华文化博大精深，源远流长，蕴含着丰富的思想智慧。例如，从"以人为本""民惟邦本"，到"群众路线""人民至上"的治国理念；从"儒法并用""德刑相辅"，到"依法治国""以德治国"的治理思想；从"以和为贵""和而不同"，到"包容互鉴""求同存异"的东方智慧；从"天人合一""和谐共生"，到"尊重自然、顺应自然、保护自然"的生态文明理念；从"止戈为武""协和万邦"，到"和平发展""合作共赢"的和平思想；从"天下一家""天下大同"，到"人类命运共同体"的社会理想；从"顺应天时，除旧布新"，到"改革创新"的思想；从"与人为善""己所不欲，勿施于人"，到"平等互信""与邻为善、以邻为伴"的处世之道。这些都为探索更好的社会制度提供思想智慧。我们既要传承中华民族优秀的传统文化，又要吸收西方先进文化的养分，延续文化血脉，萃取人类思想精华，创造性转化和创新性发展，为人类对更好社会制度的探索提供中国智慧。

"中华文明"包含了中国物质技术创造和精神文化创造的优秀成果，是更加宏大的场景，增强中华文明的传播力，需要改变只用简单的文化符号说明中国的表面化套路。实际上，大熊猫、中国结、功夫片……这样一些东西，已经无法呈现进入数字时代文明的中国。用"文明"代替文化是整个对外传播工作和国家形象传播的一次升华。在国家形象研究和传播中，要站在中华文明的新高度，全面审视和传播当代中国的国家形象。

增强中华文明传播力和影响力就是要把中国式现代化与历史文化之间的内在联系展示出来。中国道路的选择基于中华文明的土壤，要认识今天的中国道路选择和发展，必须要从中华文明中寻找根本思路，把传承和传播中华优秀传统文化作为重要依托。没有先进文化的引领，没有人民精神世界的极大丰富，没有民族精神力量的不断增强，一个国家、一个民族就不可能屹立于世界民族之林。要实现中华民族伟大复兴，必然要求中华文化的繁荣兴盛，这不仅需要强大的物质力量，也需要强大的精神力量。中华民族从磨难中奋起的历程，也正是中华文化焕发活力、走向复兴的历程。今天，在新时代的伟大变革中，要求我们传承中华优秀文化，赓续中华文明，以文化自信自强和历史主动的信念，增强中华文明的传播力和影响力，为中华民族伟大复兴创造舆论环境。

增强中华文明影响力，同时要深化文明交流互鉴，推动中华文明更好地走向世界，并形成与我国综合国力和国际地位相匹配的国际话语权，从中体现中国立场、中国智慧、中国价值的理念、主张与方案，让世界更了解"为人类文明作出贡献的中国"。

第四节　构建品牌国家

大约 30 年前，"国家品牌化"（Nation Branding）这一术语出现在公共关系领域。国家品牌化被定义为"一个国家为了创造声誉而进行的战略性自我表现，目的是促进国内外经济、政治、社会利益的提升"。卡内瓦（Kaneva）将国家品牌化描述为"通过市场化和品牌化范式来重塑国家话语及实践的纲要"。

"国家品牌化"与英国品牌专家西蒙·安霍尔特（Simon Aoholt）和沃利·奥林斯（Wally Olins）有着紧密联系。在全球化进程增速及国际竞争加剧的情况下，正是西蒙·安霍尔特在 1996 年将此术语首次引入国家。一个国家的品牌形象正是"它最具价值的资产：是国家历史的、社会的、文化的认同令国家的品牌形象健壮、切实、有感染力，并且在最大限度上使之发挥效用"。西蒙·安霍尔特坚持"只要有一个清晰的策略去协调政府、公共部门、私营部门及公众间的领导与协作关系，那么一个国家的国际声誉就是可以被管理的，并且可以更好地呈现现实与未来的愿望"。他指出，国家品牌的六大支柱要素为出口、政府治理、投资与移民、文化与传承、民众、旅游业。

1996 年，西蒙·安霍尔特在提出"国家品牌化"概念后，发布了品牌国家指数，同时出版了专业杂志《目的地品牌与公共外交》。2001 年，荷兰学者皮特·梵·汉姆发表了《品牌国家的兴起》，阐述品牌国家内涵，认为"品牌国家"构成了外部世界对某个特定国家的概念,并指出,"在全球消费者的思维里,品牌和国家通常是融为一体",因此,"无品牌的国家是难以吸引人们的经济和政治的关注的。形象与声誉正成为国家战略资源中不可缺少的部分"。在他看来,品牌国家运用其历史、地理和民族主题以建构其独特的形象,是一种良性的行动,"树立品牌国家的努力正逐渐取代民族主义"。

西蒙·安霍尔特等提出的品牌国家"六边形"是相关研究中重要的成果之一。品牌国家"六边形"包括:①一个国家的旅游宣传,以及人们作为游客或商务旅行者访问该国的感受。这通常是该国树立品牌最响亮的声音,因为旅游局普遍拥有最高的预算拨款和最好的营销人员。②一个国家的出口产品,是该国最强有力的对外形象大使,但只有清楚地说明它们的产地,才有此效果。③一国政府的政策。政策传统上是通过外交渠道传达的,但现今决策者与国际媒体的接触比以往密切得多。④影响商业大众的还有一国吸引外资、外国人才和外国企业的措施。⑤一国文化活动和文化输出。例如,国家剧团的环球巡演、著名作家的作品、国家体育代表队。⑥一国国民自身,包括引人注目的领导人、媒体与体育明星,以及普通民众,他们在国外的行为举止和他们在本国对待外国客人的方式。后来,韩国三星经济研究所和韩国国家品牌总统委员会(PCNB)又开发出了国家品牌"双八角"模型(NBDO),以此来确定韩国当前的国家品牌,为韩国提供建议改善国家品牌。这"八角"主要包括经济、科学/技术、基础设施、制度/机构/政策、传统/遗产、当代文化、公民和名人这八个类别,具有全局性的战略设计和整体考量。①

理论上,"国家品牌化"就是"塑造国家品牌"的整个过程,它有三种类型:一是产品来源国(Country-of-origin,COO)层面的国家品牌化;二是国家形象(Nation Image)层面的国家品牌化;三是文化定式(Cultural Stereotypes)与国家认同(National Identity)层面的国家品牌化。

---

① 刘晓程. 国家形象建构与国家公共关系研究 [M]. 武汉:华中科技大学出版社,2020.

其中，产品来源国的形象直接影响到外界对该国产品的认知和评价。比如，人们对美国、德国、法国、日本等发达国家的产品形象的认知和评价要明显优于对其他发展中国家的产品形象的认知和评价。同样，如果人们对一些国家存在负面认知或评价，会直接将这种印象转嫁到对该国产品的认知和评价上。如果说产品来源国效应的国家品牌聚焦于"产品品牌"与"国家形象"的关系的话，那么，国家形象层面的国家品牌则更集中在一般意义的国家形象上，它的讨论范畴要比具体的产品品牌大得多。可以体现国家形象的十个具体要素有：①地理风貌及旅游景点；②自然资源与地方产品；③人民、种族及其历史；④文化；⑤语言；⑥政治与经济系统；⑦社会制度；⑧公共设施；⑨名人；⑩图片与影像。显然，这十个方面也是一个非常庞大的系统，将国家形象置于一个非常宏观和战略的层面加以讨论。

国家品牌化的后果会在前两个层面的基础上，以第三个层面即文化认同层次的形式集中体现出来。人们对产品来源国的产品形象认知与评价同样会影响人们对该国文化认同或国家形象的认知和判断。例如，迪斯尼、环球影城、可口可乐、波音、微软、戴尔、特斯拉等品牌，承载着的就是美国的自由精神与创新文化；奔驰、宝马、西门子等品牌，承载着的是德国理性精神与精细严谨文化；欧莱雅、LV、香奈儿等品牌，承载着法国的自由浪漫气息以及前卫时尚追求；丰田、索尼、佳能等品牌，体现了日本的学习精神与精益求精的作风。同样，围绕地理、资源、人民、文化、语言、政治与经济、社会制度、公共设施、名人、图片与影像等综合形成的国家形象最终也会表现为对一国"认同"的判断——这是一个怎样的国家：民主的还是专制的，单一的还是多元的，传统的还是现代的，保守的还是创新的，精致的还是粗放的，发达的还是发展的，等等。

从世界来看，国家品牌化运动已经成为当今国家采纳的主要公共关系策略。近年来，许多国家都开展了国家品牌化的大型公共关系项目。国家品牌化的概念曾受到质疑、抵制。由于其起源于市场与公共关系领域，因此被认为是难以和国家治理同日而语的。奥林斯（Olins）认为，虽然历史学家不喜欢，但历史提供了丰富的案例说明帝国是怎样瓦解的，说明了国家如何利用商业技术重塑自我的。他指出"伴随着国家的出现，他们为构建一致身份认同创造出维持自我的神话"。

品牌国家（nation branding）是将商业品牌管理用于指导国家形象的实践。在中国，目前还没有明确提出"品牌国家"策略，一些学者的零星介绍也仅片面地突出其营销性，而缺乏更深入的学理性思考。

首先，品牌国家策略强调的国家形象建构是一种身份的建构。建构主义理论中"身份"的概念，指行为体持有和投射的有关独特性和个体性的"想象"（即个性），它是通过与有意义的他者发生联系而形成的（并随时间改变）。简单地理解，"身份"是自我与他者相互建构、变迁的"想象"。

其次，品牌国家强调通过准确的定位（positioning）来确立品牌策略，这和外交学中对国家利益的界定有内在一致性，但也有差异。

再次，品牌国家借助于以广播为代表的传统大众媒介的单向符号操纵式宣传，本质上基于本能心理学的刺激——反应原理，试图通过对传播者、传播渠道、传播内容的控制，达到说服大众的效果。这种大众宣传模式经过无数的科学和实践证明是非常有限的，而且其态度转变效果远远低于告知效果。

最后，品牌国家策略虽然借用了商业营销中的品牌概念，但却不能简单套用商业营销的方法，而应该从外交实践出发，有明确的目标、实质的内容，以及创新的象征性行动。商业营销的最终目的是售卖产品，但国家却不是可以被售卖的商品。因此，品牌国家策略的目标仍然是影响他国公众对该国的印象和内心评价，争取民意的关注、赞赏和支持。商业营销的品牌化倾向于展示一个清晰而简单的形象，以便消费者把握，而一国的文化具有多样性和复杂性，简化法反而削弱了国家形象的吸引力。

总之，品牌国家策略并不希冀短期的营销能刷新国家形象，反而更注重通过科学的测量和评判，以及长期的建构管理，在国际社会赢得良好的、值得信赖的声誉。正如西蒙·安霍尔特所指出的，品牌化不是关于营销而是关于政策改变，要制定明确的"既鼓舞人心又可行"的战略目标，就要有有效实施战略的实质内容，即"所有能够带来意想的进步的各种真正的创新、组织、立法、改革、投资、制度和政策"，以及"那些恰好具有内在沟通力量的象征性行动""那些令人难忘的、栩栩如生的、有新闻价值的、能够成为话题的、富有诗意的、令人感动或惊奇的或者具有戏剧性的创新"。

第五节　领导人形象与软实力

形象是指通过直观外在的形式对观者形成的认知。就社会性而言，形象的构建及其影响对形象承载者个人及其所从事的事业非常重要。一个国家领导人的形象对其国家的发展影响巨大，在国家对外关系中发挥着至关重要的作用，在一定程度上影响着国家形象。随着全球化的发展以及全媒体时代的来临，一个国家领导人的形象从未像今天这样极易受到世界各国的广泛关注，国家领导人形象作用的影响也从未像今天这样迅捷和深远。

国家领导人的形象，是指国家领导人在日常活动中所产生的影响和所获得的评价。国家领导人的形象存在和表现方式多种多样，如实体形象、媒介形象和认知形象等。其中，实体形象是来源，媒介形象和认知形象是认知加工后的结果。在现实生活中，大众与国家领导人直接接触的机会并不多，因此也没有直接的经验。而大众媒介存在于我们和那部分无法为我们直接感知和接触的潜在经验之间。国家领导人形象是其通过各类媒介所呈现出的有形或无形的形象。这种形象不仅代表个人形象，更多层面上是代表国家形象。国家领导人形象主要包括外在形象和内在形象两方面。外在形象包括国家领导人的面貌、服饰、谈话、举止、风度等特征，能够给公众带来最为直接的感官冲击；内在形象体现在国家领导人的知识结构、文化素质、心理素质、性格素质、思维方式、能力水平和道德素质等方面，可以潜移默化地感染公众。国家领导人形象对推动国家对外关系的发展具有多方面的意义。国家领导人只有树立良好的形象，才能赢得人民的尊重和信赖，缩小与群众的心理距离，才能站在政治舞台上充分彰显自己的魅力和号召力。

国家领导人外交形象的正确塑造有助于良好的国家形象的建立和传播。同样，国家领导人形象本身作为外交语言的一部分，其形象的塑造和传播过程也体现了外交语言功能的形成过程及发展规律。国家领导人的形象语言，是指国家领导人通过其形象向国际社会展示和传达的国家的国际地位、政策主张、行动能力及风格特征。

国家领导人因其在世界重大问题上的话语权和影响力，受到公众极高的关注度。领导人的国际形象也成为一个国家重要的软实力。许多国家领导人都注重运用媒介和营销手段，努力塑造自身的良好形象。领导人的国际形象，有先天形成的，也有后天塑造的。随着传媒的日益发达，主动塑造、精心营销的比例越来越大。领导人作为一个国家在国际上天然的"形象大使"，显得越来越重要，因为它是一种特殊的、显性的政治资本，是构成政府影响力的基本要素之一。它不仅代表着其个人形象，在某种程度上可视为国家、政府及民族形象的化身。①

领导人形象这个概念包括以下三个方面的含义：

1. 领导形象的载体是领导者

领导者是领导形象建设的组织者、实施者。有什么样的领导者，就有什么样的领导形象。领袖者形象是国家形象的人格化。

---

① 郭金月. 普京在中美两国的不同形象及启示［J］. 对外传播，2014（4）：10-12.

以普京为例，2022年俄乌冲突发生以来，美国及西方国家用尽了各种制裁手段。但据《参考消息》2022年5月7日援引塔斯社的报道，俄罗斯舆论研究中心6日发布的最新民调结果称，俄罗斯民众对总统普京的信任度在过去一周内上升了0.9个百分点，达到81.5%，一周内对俄罗斯联邦政府和总理工作的正面评价度为53%。报道称，俄罗斯舆论研究中心2020年4月25日至30日对1600名俄罗斯民众进行的问卷调查显示，81.5%的民众表示信任普京，这一比例比一周前增加了0.9个百分点。78.9%的民众对普京的工作表示认可，比一周前增加了1.2个百分点。俄罗斯民调数据显示，普京的支持率并没有下跌，反而再创新高，已经从此前的60%飙升至81.5%，而且自俄乌冲突爆发以来，普京的支持率一直在不断攀升。

2. 领导形象的内容

领导形象是领导者内在素质与外在能力的一种综合反映。从一定意义上说，社会心理是对领导形象在思想感情变化上的一种互动，它往往通过印象和评价表达出来。

领导人的形象语言是通过其形象的构建和运用而形成的一种表达方式，属于一种行为语言。领导人的形象语言是国家形象的重要载体和传播工具，是国家向外传播软实力的重要组成部分。领导人形象语言主要由以下三个方面构成：

（1）身体与精神

第一，健康的身体。良好的身体素质是领导人履行职责的首要条件，是其以充沛的精力治理国家和履行其职权范围的国际责任义务，以及提升其国家形象的重要保证。对领导人来说，健康的身体、充满活力的形象代表着一个国家稳定发展现状及未来良好的发展前景。

第二，良好的精神状态。领导人需要有以健康的身体为基础的良好的精神状态：体力充沛、充满活力、积极乐观、奋发有为。良好的精神状态可以激发人的潜能，最大限度地发挥人的主观能动性，克服正常情况下无法想象的困难，实现预期目标。就外交而言，领导人良好的精神状态是其所代表的国家获得国际威信、发挥其国家国际感召力和影响力的基础条件。

（2）知识与智慧

第一，丰富的知识。才能来源于知识的储备，只有拥有丰富的知识才有可能成为优秀的国家领导人。在当今时代，国际社会瞬息万变，丰富的知识对领导人顺利履行其职责尤为重要。领导人合理的知识结构必然涵盖政治、经济、文化、管理等多个方面，且随着时间推移必须跟上知识更新的步伐，以获得更适合时代要求的新知识。

第二，富于智慧。富于智慧既是知识丰富的体现，也是管理国家的基本要求。领导人需要富于智慧，具有处理多方面问题的能力和技巧，如拥有良好的口才、善于交际、能够洞察人的心理，并且建立一个广泛的交际圈，只有这样才能在对外交往中更恰当、更合理地向外部世界传播本国的思想理念，才能及时妥善地处理各种问题，提升本国在世界的形象，推进国家对外战略目标的实现。

（3）视野与能力

第一，国际视野。国际视野也被称为国际眼光或国际视角，即能够站在国际、全球的角度，观察国际社会的发展并确立自身国家的立场、政策。国际视野是一国领导人对有关国际社会的历史知识、现实状况及未来发展的准确把握，也是处理复杂国际关系的经验及能力的直接体现。国际视野是国家领导人科学决策的基本条件，缺少国际视野的领导人是无法进行科学决策的，也无法获得国际社会的认可和信任。

第二，处理问题的能力。领导人的能力就是治国理政的能力：对内管理好国家内部事务，对外维护国家利益。决策及时、处事果断是国家领导人治国理政能力最基本的体现。毫无疑问，一个优秀的国家领导人，无论在国内还是国际，在维护国家利益和国家形象上决不能优柔寡断，做事不能心慈手软，也不能感情用事，而要以大局为重并勇于担当。同样不容置疑的是，一个优秀的国家领导人，在进行国际交往时要善于运用外交语言。外交语言既要做到语言清晰、准确、掷地有声，也需要温文尔雅、谦虚有礼，知道什么话该说，什么话不该说，并懂得语用策略和技巧。①

3. 评价者是所面对的社会公众

社会公众是领导形象的感受者、评价者。领导者的一言一行、一举一动都是社会公众评判的依据。领导自身形象的建设是公共行政领导者的重要任务，这个过程一般包括三个环节：领导形象定位、领导形象塑造、领导形象推出和维护。

其一，领导形象定位。领导人需要根据本国的力量状况、发展需要和国际格局判断，明确自己在国际国内舞台上所扮演的角色。角色定位不仅关系到国家的利益目标和实现这些目标的原则、主要活动方向，还影响着国家内部的发展。领导者是自身形象和组织形象的设计师，这是领导者的一个重要任务。

其二，领导形象塑造。"最有利证明自己的方法不在于你怎么说，而在于你怎么做。"领导者形象是由一系列行为组成的一个复杂的符号系统。这些符号在领导行为中构成领导者的整体形象。根据领导行为的特点，可以将整体形象分解为三个主要方面：思想行为和价值形象、工作行为和岗位形象、生活行为和日常形象，并由此形成三大分支符号系统。

其三，领导形象推出和维护。形象是易碎品，经过精心塑造和推出之后，领导者的形象还要不断维护和创新。领导形象容易受到伤害，偶一疏忽，就可能"打碎"形象。而且公众往往将领导者在表现不当时的举动看作其本来面目。所以，领导者要注意维护自己的形象，并且"时时勤拂拭，莫使染尘埃"。

---

① 仪名海. 读懂外交语言［M］. 北京：清华大学出版社，2021.

第五章 国家形象战略布局

凡事豫则立，不豫则废。言前定则不跲，事前定则不困，行前定则不疚，道前定则不穷。

——子思《礼记·中庸》

第一节 准确定位，战略先行

当今，世界各国纷纷从战略高度对国家形象重新定位，竞相调整或重塑国家形象。国家形象战略研究日益引起有关研究者的关注。该研究在理论上具有可行性，在现实上具有必要性和紧迫性，特别是对解决中国和平崛起过程中的有些问题具有重大理论和现实意义。

战略，是一种从全局考虑、谋划实现全局目标的规划，而战术只是实现战略的手段之一。实现战略目标，往往要牺牲部分利益。战略是一种长远的规划。规划战略、制定战略、实现战略需要全局考虑，需要一定的时间来完成。

国家形象战略是促进国家形象发展的一系列研究、计划、执行和组织控制的过程。国家形象战略位于两个重要现象的端口：一是管理的专业化；二是国家形象营销者对于未来发展前景的设想。

在管理活动的初期，我们就清楚地知道，规划是管理者的核心活动之一。早在 20 世纪，法国思想家亨利·法约尔就曾首先提出这一观点。法约尔将其简单地概括为："管理就是预测、规划、组织、指挥、协调及控制。"其中，预测与规划属于战略管理的范畴。战略是指导管理者的重要因素之一，即使在处于衰退、混乱的时期，战略也在管理中起着核心作用。如果我们处于竞争激烈的丛林之中，战略可以帮助我们寻找出路。

恰逢百年未有之大变局，我们也迎来了一个战略构想的时代。

对国家的未来而言，战略谋划是至为关键的，而战略研究可以为国家战略谋划奠定理论基础、历史纵深、世界眼光、全球视野，对其战略目标的确定、战略路径的选择、战略步骤的安排至关重要。作为国家实力与世界地位之间的桥梁，战略研究与国家的前景休戚相关，它事关一个国家的贫富、兴衰、存亡。

对战略重要性的推崇，许多战略家从来不惜笔墨，真知灼见更是不胜枚举。如"运筹帷幄之中，决胜千里之外""夫权谋方略，兵家之大经，邦国系以存亡，政令因之而强弱"。法国陆军上将和军事理论家安德烈·博富尔总结说："当历史之风吹起时，虽能压倒人类的意志，但预知风暴的来临，设法加以驾驭，并使其终能服务于人类，则还在人力范围内。战略研究的意义即在于此。"随着世界形势的变化，尤其是全球化的日趋加剧和各国战略手段多样化，战略的重要性逐渐凸显出来。

第二节　抢占高点，战略制胜

在中国历史上，诸葛亮为刘备谋划的《隆中对》，以及张宾对五胡十六国后赵开国君主石勒所做的《邺城对》,都为日后这两位雄主奠定霸业选准了战略方向。

那么,战略是什么呢?战略=方向×执行力。需要特别强调的是:执行力也是战略的一部分,好的战略,依赖于好的执行力。战略不是虚无缥缈的东西,战略一定要结合执行力、团队能力、所处位置、确切打法等。只有把这些想清楚之后,开启一场战役,才能胜券在握。

作为日益走近世界舞台中央的大国,中国需要构建良好的国际形象,更需要抢占高点,战略制胜,把握国家形象塑造的规律,设计好国家形象跨国建构的指导原则与操作方案。要对国家形象国际传播的"非预期性"有充分的认识和心理准备,超越以自我为中心的思维,不断加强对"他者"的理解,改变国家形象对外传播的单一化倾向,构建好中国国际形象,向外部世界呈现一个立体真实、多元活力的中国。

以美国为例,作为世界上的超级大国,美国非常重视塑造和展示国家形象,依靠自身强大的媒体传播能力、文化吸引力、制度影响力,借助公共外交、民间外交、影视传媒等较为成熟的全方位形象塑造手法,在全世界推广美式价值观,积极塑造美国国家形象。

首先,构建国家战略传播体系。战略传播是美国提出的新理念,即"美国政府集中努力来理解并接触关键受众,通过国家权力机构各部门协调一致的信息、主题、计划、项目和行动,来创造、强化或维持有利于美国国家利益和目标的整体持续的行动过程"。与公共外交相比,战略传播的目的性与进攻性更强、对资源的整合更有效。战略传播包含两层含义:一是协同一致的言行以及它们将如何被特定受众感知;二是针对特定受众精心设计的传播和接触计划及行动,包括那些通过公共事务、公共外交和专业的信息操作来实施的项目及行动。美国国家战略传播体系最大的特点就是"整合传播",将国家最重要的传播资源整合起来,形成协同效应,对外传播和国家形象塑造的效果也就会大大增强。

其次，准确定位，细分目标受众。一是细分不同受众。美国国家宣传的成功，在很大程度上归功于对受众的重视和对目标群的细分与选择，如美国把传播对象分为五类：坚定支持者、一般支持者、中立者、一般反对者和坚定反对者，针对不同对象采取不同的传播策略。二是明确不同层次的传播任务。美国前总统奥巴马曾阐述其国家战略传播的重点是：使国外受众认可其国家与美国之间的相互利益；使国外受众相信美国在全球事务中发挥着建设性作用；使国外受众将美国视为应对全球挑战的令人尊敬的伙伴。

再次，充分利用以社交媒体为代表的新媒体技术，建立广泛的全球传播网络。以美国有线电视新闻网（CNN）、好莱坞等为代表的主流媒体和文化产业历来是对外输出美国价值观、塑造美国形象的主力军。近年来，在这些传统平台之外，美国国家形象传播呈现出"多个主体融合于新媒体平台"的发展趋势，美国政府、媒体、跨国企业、社会组织以及个人等多元主体在新媒体融合平台上协同作战，共同承担起对外传播美国国家形象的任务。美国政府各部门纷纷设立推特、脸书等社交媒体账号，及时推送和传播官方立场与消息。美国各大媒体集团积极拓展全球性的新媒体传播平台，构建广泛的全球传播网络，将美式观点、理念、价值观随着分支机构的不断铺设渗透到世界的每一个角落。跨国企业、各类社会组织甚至个人也通过全球互联的网络和新媒体技术，加入美国国家形象塑造与传播进程中，由此形成了一种全方位的、以全球新媒体传播为核心的国家形象传播体系。

最后，塑造"真实可靠"的传播者形象。在政府层面，美国通过在全球各地开展的各类文化交流、文化产品传播与文化援助，缓慢而深刻地对他国受众进行美式价值观和意识形态的渗透，由此建立起的熟悉度、亲近感和认同感，可以让美国期望塑造的国家形象更易被当地受众接受，有助于巩固"美国话语"真实可靠的形象，增强其影响力与说服力，从而帮助美国实现战略传播目标。在媒体层面，美国媒体在对事件进行报道的过程中，会将消息来源、报道者身份、当事人态度、反对者意见、第三者评论等全方位信息提供给读者，既明确了责任，又增加了报道的可信度，营造出客观、公正的形象。

第三节　重视传播，塑造品牌

传播是国家品牌发展当中最强劲的驱动力量。不可否认，国家营销与品牌化是打造国家综合性影响力、提升国家可持续竞争力的有效战略工具，也是国家治理体系和治理能力现代化的重要领域。

国际传播是国际关系的重要组成部分，要站在国际关系的大视角辩证分析国际传播新形势。当前，中国与世界的关系在"百年未有之大变局"背景下正经历深刻调整。国际力量结构关系的深刻变化，导致以美国为首的西方国家逐渐强化与中国的竞争，中国的对外国际关系发展面临重大挑战。立足这个与以往迥异的时代背景，新时代国际传播面临的传播生态显然更加复杂，机遇与挑战都是前所未有。

一方面，中国发展"做得好"为中国故事"讲得好"奠定了良好基础，我国的国际话语权和影响力显著提升；另一方面，国际舆论舞台在很大程度上仍然由西方主导，世界上总有一些人戴着有色眼镜看中国甚至是别有用心地抹黑中国，中国形象"他塑"而非"自塑"的问题亟待破解。

目前，国际传播所处的时代背景、面临的国内外形势已经发生了深刻变化，其承载的使命和任务也更为厚重。如何把握大势、顺势而为，向世界展示一个真实、立体、全面的中国，为中国的发展营造良好的外部舆论环境，是我们国际传播工作面临的新课题。

作为国家发展进程中的重要软实力呈现，国家形象与品牌的塑造与传播就成为不同国家提升自身软实力的重要途径。例如，自 1965 年共和国成立以来，新加坡就重力打造国家品牌，并且让其深入人心。国家形象传播的途径有很多，包括媒体传播、广告传播、国际活动或者大型体育赛事传播、城市或者次国家行为体传播、口碑营销等不同形式。而所有这些方式基本上都属于当前公共外交的范畴，比如，中国多次在纽约时代广场投放国家形象宣传片的行为就属于积极的广告传播。新加坡也经常通过与海外各类媒体合作的方式投放广告和宣传节目来提升自己的国家形象，打造国家品牌。在这些途径中，媒体传播的途径显然是最有效的，如今这种方式被称作媒体外交。此前游离于外交活动之外的观察者和记录者发展成为积极的参与者和推动者，并以行为主体的身份直接推动着国家的公共外交议程，成为国家形象的构建与对外传播最具影响力的重要载体。

国家形象传播同时又是多维度的、立体交叉的。它既包括传统媒介形式的大众传播，也包括以人、物、产品、空间、活动和事件等多元载体的传播形态。我们需要从不同的媒介维度来整合思考国家形象的多种传播方式。此外，还须特别注意对"Z 世代"传播的高度重视。这一代伴随着互联网成长起来的年轻人是我们塑造中国良好形象的重要对象。青少年一代本身就是新媒体传播的受益者和创造者，加上电影、电视、游戏和网络文学的全球无障碍传播，全球"Z 世代"审美取向和价值需求呈现统一性。例如，漫威公司通过漫画、小说、电影、游戏、舞台剧、衍生品授权等多形态形式进行美国超级英雄文化的传播，使得这种综合 IP 的多形态传播成为美国社交网络和元宇宙发展的动力之一。当下，中国国家形象的多形态传播可以借鉴西方国家综合建构 IP 的产业模式，将中国文化价值注入深受青少年欢迎的作品里去，为我国"Z 世代"的文化艺术创作提供更大空间，在开放的全球社交网络的交流中为全球青少年塑造可信、可爱、可敬的中国形象。

一、借助大众传媒，开放性传播

李光耀曾经指出，大众传媒对社会公众的态度和行为都会产生较大的影响，甚至"能够影响人们的概念与信仰态度和所信奉的政策与纲领的态度"。所以，为了提升大众传播媒介在构建国家品牌和传播国家形象中的作用，早在 2009 年，新加坡就开始推动媒体融合计划，希望推动新加坡大众传媒的发展，提升其在国家形象建构中的能力和影响。具体工作主要涵盖了三大领域：一是为传媒产业的发展提供优质的环境，进一步完善法律法规建设；二是通过推动研发来促进新媒体产业链的升级，加大对新媒体业界的投入；三是保持与世界的互动，强化新加坡所生产的内容和服务对国际社会的影响和吸引力，增进与海外传媒业巨头的合作等。

信息时代人们对网络的依赖已经越来越影响到传播方式和传播理念的革新，传统的大众媒体开始积极利用网络平台来做好形象传播。在国家形象的建构与传播中，网站尤其是权威新闻媒体的网站在向受众传播的过程中不仅会将这个国家的历史文化、自然地理、政治经济等传播给受众，甚至会通过网站的整体风格和内容设计推动国家形象实现更为直观和有效的传播。《联合早报》《海峡时报》等权威新闻媒体网站在新加坡的国家形象传播中就扮演了积极的角色，受众在这两家网站浏览和吸收到关于新加坡政府、社会以及公众等不同领域的具体信息，而其他政府部门网站的发展完善也为浏览者提供了充足的信息保障。

俄罗斯同样善于借助大众传媒，提升国际话语权。长期以来，西方主流媒体主导着国际传播话语权，其所通用的英语相对于非英语国家的语言来说具有绝对传播优势。为了向世界发出更多自己的声音，俄罗斯加大了英文媒体建设，2005 年成立了今日俄罗斯（Russia Today，RT）电视台。如今，RT 已经陆续开通了英语频道、阿拉伯语频道、西班牙语频道、美国频道、英国频道、纪录片频道和法语频道，全天候 24 小时向世界传播俄罗斯政府在各项国际事务上的政策立场，展示俄罗斯历史文化与当代社会生活。益普索（Ipsos）的数据显示，2015 年，RT 电视频道每周观看人数达到 7000 万，在欧洲和美国市场是排名前五的国际新闻频道。欧洲是 RT 拥有观众最多的地区，每周有 3600 万人观看；在中东和非洲，每周至少有 1100 万人从 RT 获取信息；在印度，有 700 万观众每周收看 RT 的节目；在英国，RT 电视台有 200 万观众，是除半岛电视台之外最受欢迎的外国英语频道。在美国，RT 是仅次于 BBC 的第二大最受欢迎的外国电视台。俄罗斯英文媒体的影响力不断扩大，打破了西方国家英文媒体的垄断权，在一定程度上纠正了国际社会对俄罗斯国家形象的认知偏差，重塑了当代俄罗斯新形象。

对中国而言，国家形象的传播和提升要依靠建立有广泛群众基础的统一战线：除了作为"正规军"的各类官方媒体，各种自媒体、平台媒体乃至海外知华派、友华派人士，都可以在有关当代中国发展的整体叙事中发挥越来越重要的作用。国际传播的战略转型，必然需要通过走群众路线来化被动为主动。我们尤其应该鼓励各行各业的专业人士和行业精英把自己和身边人的精彩故事，通过各种生动活泼的形式，包括会议、专业组织群组、自媒体账号等加以分享，让国内外对我国民众的真实生活和中国社会的真实景象有直观、全面的了解，以此对抗或消解西方媒体对中国发展的片面报道所带来的负面效果。要想彻底释放蕴藏在民间的巨大国际传播潜能，我们的各级政府和组织，特别是信息和舆论主管部门也必须转变思路，对网上内容的审查和舆论引导，对各类专业人士的网络言论，采取更加宽松柔性、更具包容性的监管方式，通过激发和培育广大网民，特别是各行各业精英人士的自组织能力，发挥平台和网络的自我纠错纠偏功能，来确保总体舆论生态的良性、健康、有序发展。

二、增强数字思维，公共性传播

数字时代，提升国际传播效能，首先需要转变思维方式，增强数字思维。保持对新技术的敏感，努力洞察数字时代的传播特点，不断跟踪研究，持续创新实践，提升驾驭技术和应用技术的能力，用数字思维指导业务活动，探索在国际传播全链条中利用数字技术提升效能。树立连接思维，提高传播效果。互联网时代，连接就是生产力。要不断思考如何到达用户、吸引用户，与用户建立深度连接。

树立数据思维，推动系统性创新。数字时代，一切都是数据化的，数据已经成为生产要素和核心资产。树立数据思维，就是要思考我们拥有什么数据，可以整合什么数据，如何把繁杂的信息数据化，充分挖掘大数据的价值，从而提升国际传播效能。树立迭代思维，不断优化完善。数字时代，新产品新业态不断涌现，基于5G、云计算、大数据、AI、区块链等技术的智能创新应用，推动了国际传播从移动化、社交化到智能化、数据化的再一次变革，使用多终端、善用大数据、立足多场景和追求高智能成为国际传播发展的新趋势。要树立迭代思维，以问题为导向，快速应用，持续优化，不能有一劳永逸的想法。任何一种业务模式、产品形态、技术应用都需要快速迭代，跟上时代的发展和用户的需求。

数字时代更需要科学管理和有效运用新媒体工具。除了网站，微博、微信公众号、Facebook、YouTube、Twitter等多种社交媒体的蓬勃发展，也为国家形象塑造和传播提供了优质平台，以新加坡为例，新加坡已经基本建立了一个涵盖国家领导人、政府各部部长、国会议员、政府与非政府机构，直至国民个人的新媒体传播体系。例如，新加坡总理李显龙早在2012年4月20日就依托Facebook、Twitter设立个人账号，在拉近了与公众距离的同时也传播了新加坡领导人的正面形象，在提升了人气的同时也提升了"国家气质"的内涵，可谓是非常接地气。这也正是通过指尖就可以碰触世界的时代所带给受众的了解外国社会和官方观点的重要渠道。

近年来，以《联合早报》、新传媒电视8频道等新加坡华文媒体为代表的海外传媒机构在新浪微博开设账号，利用这一优质平台与中国公众展开密集互动，而且通过这一互动使中国民间社会原本存在的对新加坡的诸多误解得以澄清和化解，同时利用微博平台将新加坡介绍给使用中文/华语世界，让世界面对更加真实的新加坡，从不一样的角度了解新加坡。《联合早报》的"狮说新语""新加坡鱼尾文"等微信公众号更是吸引了不少中国读者，向中国公众传播了新加坡的声音，讲述了新加坡故事。新媒体时代，这些社交媒体通过引导对象国公众关注有利于其国家形象的话题和信息，大大地促进了华文世界尤其是中国社会公众对新加坡社会和政府的态度、观点的良好认知，有力地传播和提升了新加坡在其以外的华文世界的良好国家形象。

新媒体的受众年轻化，功能多样，影响力极大，适合作为国家形象传播的平台。例如，亚洲象过昆明的热点事件，一天的点击量就是千万级。这种传播的影响力是无可替代的。借由新媒体这种虚拟平台，宣传现实生活中的文化热点和符号，是非常明智的选择。同时，不仅要注重新媒体的宏大叙事，还要发动我国民间力量，以小见大，让老百姓说话，也要发动意见领袖，抓住新媒体热点。另外，对于新媒体上的媒体人，在话题选择上需要有策略，选择软性的、暖性的小事等去交流。

对于国家形象传播来说，新媒体既是一种传播手段也是一个传播场域。作为传播手段，基于人工智能、大数据等新兴技术孵化的新媒体技术革命，能够推动传媒产业和传媒关系格局发生巨变。国家形象传播主体日趋多元，个体也可以通过新媒体平台参与信息传播进程，这为我们传播国家形象带来更宽广的路径和更丰富的呈现方式。作为传播场域，新媒体深入社会生活各个角落，从根本上重塑全球舆论场格局。尽管美国及西方凭借技术和资本优势，在新媒体平台和渠道方面占据一定优势，但由于新媒体具有开放、多元、自主、互动的特征，美国及西方对于舆论格局的垄断已相对减弱，为我们有效传播国家形象带来更广阔空间。

三、通过大型赛事、会展，发散性传播

2018 年 9 月，亚洲第一条 F1 街道赛道在新加坡启用，这意味着 F1 历史上首个夜间大奖赛在新加坡正式拉开帷幕。F1 大奖赛落地新加坡以后，给新加坡带来的不仅是丰厚的经济收益，还在其国家形象塑造方面有重要贡献。赛道全程5.065千米，基本按照环绕滨海湾进行设计，赛道在规划时就融入了传播新加坡国家品牌的设计理念。赛道沿途经过政府大厦大草场、滨海艺术中心、鱼尾狮、"二战"纪念碑、圣安德烈天主教堂、新加坡眼摩天轮、金沙酒店、莱佛士酒店等多个新加坡的地标式建筑，每年都有大量来自世界各地的车迷涌入新加坡，就为了感受这一全球唯一F1夜间大奖赛的速度与激情。除了这档赛事之外，新加坡2010年举办的青少年奥林匹克运动会等也为新加坡的国家形象塑造、展示与传播提供了有效的平台。

新加坡的会展业诞生于20世纪70年代中期，新加坡会议展览局和新加坡贸易发展局专门负责会展业的推广工作。一直以来，新加坡政府都非常重视将会展业作为新加坡国家品牌检验和国家形象传播的重要舞台。1998年，面对国际会展业不景气的情况，新加坡旅游局推出了"全球汇聚2000"的全球营销计划。2000年，新加坡被国际协会联合会评为世界第五大会展城市，20多年来一直是亚洲首选会展举办地，每年举办的会展活动超过3200个。目前，新加坡有着较大影响力的展览有新加坡国际医疗展、新加坡—亚洲博览会、新加坡亚洲海事展、世界书展等。新加坡在设计这些会展活动之时会将独具特色的新加坡南洋文化融入其中，将会展活动与新加坡本土的节庆活动相衔接，一方面推动着参与会展的商务游客对节庆活动的参与；另一方面也为节庆活动游客创造了参与会展的机会，从而使新加坡的文化软实力与活动实现有效对接，国家形象传播和国家品牌营销得以实现，充分发挥了公共外交职能。

俄罗斯也善于借助大型活动，提升国家形象，进而提振俄罗斯民众士气，实现强国复兴的梦想。冷战结束以后，俄罗斯急于振兴经济社会发展，重塑大国形象。从普京第一任期开始，俄罗斯逐步把加强对外传播、重塑国家形象提升为国家战略，借助全方位文化外交、媒体传播、领导人形象塑造等多种方式，在国际上树立积极、正面的俄罗斯国家形象。

普京执政之初就提出"新俄罗斯思想"，并将其确定为国家意识形态重建和文化外交政策的核心理念。在这一理念指导下，俄罗斯先后成立了国际形象委员会、戈尔恰科夫公共外交基金会、国际事务理事会等公共外交机构，专门负责国家形象塑造与传播任务。依托高尔基、普希金、托尔斯泰等文化巨匠，极具艺术价值与观赏价值的芭蕾舞、交响乐，体育明星闪耀的体操、花样滑冰等，俄罗斯积极举办各类大型国际文学展、文艺展、世界巡回演出、国际体育赛事等，向世界全方位展示俄罗斯文化艺术体育成就。俄罗斯还先后与多国互办"国家年""文化年"，提升在对方国家的俄罗斯形象，以 2006 年中国"俄罗斯年"为例，期间一共举办了 250 多项活动，包括俄罗斯年冰雕节、俄中文化交流历史展、俄新社中文网站推介会、俄中妇女交流周、莫斯科文化节、俄罗斯特技飞行表演、俄中工商界峰会、俄中科技合作大会以及各类电影展、艺术展、文艺演出等，全方位展示了俄罗斯灿烂的传统文化和现代建设成就，增进了中俄两国人民的了解与友谊，也提升了中国民众眼中的俄罗斯形象。

第四节　危机管理，化解风险

1893 年，郑观应出版了《盛世危言》，其内容十分丰富，涉及哲学、政治、经济、文教、军事、外交等领域。在一片"盛世""崛起"的乐观氛围中，郑观应"众人皆醉我独醒"。他在书中直言，中国必须进行多方面进行改革，才能真正富强起来，否则，正如书名所言，盛世可能毁于一旦。自《盛世危言》出版之后，中国历经多次危机。对危机的管理，显得非常重要。

危机管理，即应对危机的相关机制，是指为避免或者减轻危机所带来的严重损害和威胁，从而有组织、有计划地制定和实施一系列管理手段、方式方法、具体措施和应对策略,包括危机的规避、危机的控制、危机的解决与危机解决后的恢复等动态过程。

当今世界,各国危机管理机构名称虽不同,但基本架构多是以国家元首(如美国、俄罗斯、法国等)或政府首脑(如以色列、日本等)为核心,国家安全部门为主体,情报部门为基础,形成了包括外交、军事、情报、财政等部门在内的综合体系。

大多数国家的宪法规定,行政首脑直接负责外交、情报和国防事务,对重大危机具有顶级处理权。美国宪法规定,总统有权处理所有外交、国防事务,对危机具有顶级处理权依据法律,总统有权掌握所有关于危机事件的情报,对危机管理的各个环节进行指挥调动和协调。

国家形象危机管理作为当前国家危机管理的一项重要内容,正越来越受到世界各主要大国的重视。国家形象危机管理的关键是:在危机来临前,正确识别、防范危机的发生;在危机来临时,及时有效地管理危机,并将危机引向一国形象转变或提升的机遇。

以预防为主的全面危机意识,才是国家形象危机防范中最重要的防线。在此基础上,国家必须建立完备的形象危机处理应急机制。否则,当危机来临,就会出现政府无所适从、民众怨声载道的被动局面,往往会给一个国家的国际声誉和国际形象造成非常负面的影响。

第六章　国家形象塑造的路径选择

在战略上，最漫长的迂回道路，常常又是达到目的的最短途径。

——利德尔·哈特

近年来，我国在提升国家形象方面做了许多工作，但正如学界所说，国外公众对中国的认知"与我们的国际声誉期待之间有着巨大落差"。国家形象工作究竟应该如何开展，才能更卓有成效呢？

第一节　加强顶层设计，形成战略管理机制

要把国家形象管理纳入国家总体发展战略，将其作为一项长期的系统工程，统筹协调和整合各方面国家形象塑造资源，形成系统化的国家形象对外传播体系。建立和完善相关法律法规以及相配套的有效工作机制，大力加强统筹规划和资源优化配置，将分散的国家形象塑造资源和力量进行有效整合，相互协作，形成合力。

一、成立专业机构，形成战略管理机制

可以借鉴其他国家的经验，可考虑成立专业机构，负责组织国家形象战略的研究制定与实施，把握国家形象设计的总体方向，并对相关机构、部门的相关工作进行总体指挥和协调。该机构要能与国家重大突发性事件的处理机制形成直接的沟通、协调和指导关系，下设专门工作小组，分别与外交、宣传、商务、教育、环保、旅游等相关工作部门和研究机构对接。可成立专门工作小组负责组织国家形象的战略研究，定期开展专项研究，提出改善国家形象、处理重大突发事件的建议和实施意见。

同时，针对当前分属于不同管理部门的党和国家新闻报刊、电台电视台、网站等媒体，以及政府经贸、旅游、文化部门开展的对外交流活动等各个对外传播渠道进行充分整合，通过顶层设计加强不同部门、不同渠道的横向联系，强化彼此之间的协同配合，形成对外传播同频共振的良好效果。

随着中国文化多样、科技创新的文明大国形象日益突出，海外受众希望了解更多的中国文化，并关注中国科技的发展，对中国科技创新能力的认可度甚至超过了中国民众自身。中国对全球治理的贡献和国际影响力赢得了海外受众的较高认可，有力反击了"中国威胁论"与"中国责任论"，中国和平发展、合作共赢的负责任大国形象正在逐步树立起来。

但中国开放有活力、充满希望和亲和力的社会主义大国形象有待进一步加强，海外受众普遍对中国发展道路和发展模式的认知不足。积极的一面是，海外年轻群体已经开始更多地看到中国发展道路和模式带来的积极效果。

二、加强顶层设计

要注重加强国家形象塑造顶层设计，苦练内功，内外兼修，进一步重视人际

传播与品牌塑造，加大文化与科技传播力度，讲好中国发展的故事，将海外民众不断增强的中国需求转化为国家形象红利，在对话世界的过程中展示中华魅力，塑造好国家形象。

在海外形象塑造过程中，媒体的作用固然重要，但媒体的传播终究只是"术"，修炼内功才是塑造良好形象之"道"。媒体的作用只能是锦上添花，而非无中生有，自身才是塑造良好形象的主体。自身是硬实力、是刚，而媒体传播是软实力、是柔，巧实力是刚柔并济。国家形象可以塑造，但绝非编造。国家形象的改善只有建立在自身发展进步基础之上，才能真正赢得世界人民的认可与尊重。中国在塑造和传播国家形象的过程中，必须做到软硬兼施、苦练内功、内外并修。

在自身实力发展和积极做出国际贡献的前提下，也要注重加强国家传播能力建设，创新对外传播方式，增强国际话语权，提升国家形象"自塑"能力和影响力。在报道国际大型活动或其他受国外媒体关注的新闻时，中国媒体，特别是官方，应主动发声，积极回应，在议程设置中不敌视、不回避外媒关心的议题，传播真实、立体、全面的中国国家形象。

文化自信是更基本、更深沉、更持久的力量。中国国家形象全球调查显示，超过1/3的海外受访者对中国语言和文化感兴趣，海外民众最希望了解的有关中国的信息首先就是中国文化，其次是中国的科技，显示出中华文化与科技的国际吸引力。但在日益高涨的中华文化海外需求面前，中国的文化"走出去"仍面临不少问题与挑战。

在今后的对外传播和国家形象塑造中，需要进一步增强文化自觉与自信，树立精品意识，创造和促进传统文化的"现代相遇"，着重展现中华文化与世界文明的融通互鉴、共同发展；要善于找准连接中外文化的共通点，不断推出易于被当地社会理解和接纳的文化精品，并将之以海外受众尤其是海外青少年群体喜闻乐见的形式展现、传播开来；中国科技创新能力广受认可，可借助举办和参加大型国际展会、技术交流会、科技创新大赛等形式加大对中国科技成就及其对人类贡献的报道与宣传，向国际社会展示好中国文化多样、科技创新的文明大国形象。

三、加强系统性战略规划

国家形象塑造是一项系统工程，需要设定明确的国家形象定位，制定好长期和阶段性目标，设计出具体的路线图，有计划、有组织、连续性、系统性地开展工作。目前，中国的国家形象塑造存在"大而宽泛"的倾向，还没有形成类似"非凡英国""酷日本""动感韩国"等较为凝练而清晰的国家形象定位、口号或品牌，一定程度上制约了国家形象塑造各方力量"劲往一处使"的方向性和集中性。

在具体工作方面，目前尚缺乏战略性的长期规划和运行机制，国家形象塑造和传播的主体集中在政府和传媒，但却分散在外交、宣传、理论、文化、教育、党建、各级媒体等各个部门和单位，各类资源缺乏有效整合，难以形成合力。

四、克服、跨越东西方文化差异

国家形象塑造是一种跨文化信息传播的过程，不同的文化造成信息传播者和接收者形成独特的价值判断标准和思维模式，在国家形象的传播、塑造过程中发挥着选择和过滤的作用。因此，不同的文化容易导致理解与表达的偏差，容易产生国家形象的误读。

西方媒体为展现"客观报道""政治中立"的新闻理念，往往在报道中兼顾正面和负面信息，甚至信奉"坏消息才是好新闻"的新闻价值标准，对待报道对象惯于从问题角度进行思考和审视，在报道中国议题时，会放大中国发展中的问题与不足，并且凭借其在国际话语体系格局中的优势地位，使得国际受众长期接触到的中国新闻都是偏于负面信息，而对中国当代发展成就和国际贡献认知不足。直到现在，这些仍是中国国家形象跨文化传播中面临的现实问题。

五、进一步提高国际传播能力

国家形象尽管是基于本体的客观情况，但却是受众心中一种主观的、感性的认知，不可避免会受到文化传统、思维习惯、价值观念、意识形态、个人情感和文化水平等方面的影响，也会受到媒体报道、公众舆论等的影响而产生"沉默的螺旋"现象，还会受到形象展现形式、到达范围、传播能力等传播渠道方面的影响。

当前，在话语体系建设方面，中国的对外话语产能不足，有时候还存在"有理说不出""说了传不开"的情况。在"发声""讲故事"的具体方式方法上，成就报道多、问题分析少，正面展示多、侧面和负面内容少，官方报道多、民间关注少等现象较为突出，对媒体报道的公信力带来消极影响，造成西方媒体对中国官方媒体报道的引用率不低但态度负面，在涉及中国媒体时，往往加上"政府运行"的字样，暗指其是政府宣传工具，报道内容可信度低。

在新媒体传播方面，利用新媒体对外传播国家形象的力度不够。无论是在西方发达国家还是中国，网民用户越来越多，互联网普及率越来越高，越来越多的人通过网络、手机、平板电脑等新媒体方式获取新闻信息。然而，中国国家形象的对外传播方式仍然主要依靠传统媒体：报纸、电视和广播，利用新媒体进行国家形象宣传的新闻则比较少，在中国新媒体传播的信息里，大多数是娱乐、游戏、生活等休闲信息，专注于国家形象宣传的信息在新媒体上不常看到。

六、加强科学理性分析

从"大棋局""软实力"到"巧实力"，从"利益攸关方"到"G2""金砖国家",欧美学者数十年来不断地抛出一些新概念,并进行科学、理性、全面的论述,进而引领国际思想研究的话语权。更重要的是,如《大棋局》《文明的冲突》《历史的终结》《论中国》等一批有故事、有思想、有说理的美国专家著作常被翻译引进至中国,畅销于市场,中国学者的论述被译到美国市场且畅销的却比较少。

七、国家形象与国家本体"共同演进"

国家本体是不断变化的,因而基于国家本体的国家形象是具有流动性的。有学者提出"共同演进"(Co-evolution)的概念对国家形象进行研究。这一概念最早来源于生物学,指不同物种相互作用引发的进化是双方共同的作用。后来被用到社会学和经济学中,指不同参与主体存在相互反馈机制,一个参与者的变化会因为另一个参与者的适应而改变其演化轨迹,后者的变化又会进一步制约或促进前者的变化。2011年,美国前国务卿亨利·基辛格出版的《论中国》一书,将"共同演进"的概念引入中美关系分析,强调美国和中国作为世界前两大经济体,两国关系不应该是零和博弈,应该谋求"共同演进"的关系。

在中国国家形象塑造过程中,作为形象根基的中国国家本体始终在不断发展变化。随着中国特色社会主义进入新时代,中国自身综合国力不断提升。同时,全面推进中国特色大国外交,实施共建"一带一路"倡议,发起创办亚洲基础设施投资银行,设立丝路基金,倡导构建人类命运共同体,促进全球治理体系变革,促进世界的和平与发展。然而,由于形象认知往往滞后于本体的建设发展,加之中国在高速发展过程中,也出现和积累了一些新的问题,如今,站在全球聚光灯下,中国的发展成就尚未完全展现在世人面前,中国发展中的问题却在西方主流媒体的报道中被放大、被误解甚至被歪曲,由此,本身发展中的问题转化为中国国家形象方面的问题。

在这种情况下，构建一个反映新时代特征、体现新时代风貌、匹配新时代发展阶段的，与中国所作国际贡献相称的、与新时代发展阶段相匹配的中国国家形象，其困难性与复杂性就大大增加了。①

第二节　以文化品牌提升国家形象

我国的文化资源异常丰富，悠久的历史和其中孕育的我国传统文化关联着世界文化的主脉，这些优秀的传统文化的推广一方面将带来经济效益，如旅游业的发展；另一方面可以加深外国人民对我国的了解，提升整个国家的形象，塑造政治影响力。

华南理工大学新闻与传播学院教授段淳林撰文指出，结合在国内外热门社交媒体平台微博、微信和 Twitter 上收集到的大量中英文数据可知，整体上国内外对于中国文化形象表示了解与认可，正面评价居多。这些评价中不乏负面态度和消极情绪，根据研究数据分析，目前中国在整体文化发展方向上确实面临具体定位不清晰、跨文化传播能力较弱、话语权缺失等问题。

此外，国际国内社会对于中国文化品牌形象的认知较为扁平，主要集中在中华传统文化部分，对于中国最新的文化成果知之甚少或是认知单一。中国自身在发展文化品牌形象的过程中，对于 IP 培养与输出、传统元素再利用、文化发展体系的构建等方面仍有不足。基于研究中发现的一系列问题，段淳林教授为中国文化品牌形象的提升战略提供以下三点决策参考。②

---

① 张楠. 新时代中国国家形象传播研究［M］. 北京：中国社会科学出版社，2020.
② 资料来源：段淳林. 国家社科基金结项项目"大数据与国家品牌形象的构建研究"。

一、做好顶层设计，完善文化政策

1. 进一步完善知识产权保护体系，并推动国际交流合作

党的十九大报告中提出"推动文化事业和文化产业发展，推进国际传播能力建设，讲好中国故事，展现真实、立体、全面的中国形象，提高国家文化软实力。"文化创意产业已成为国家文化品牌战略的有机构成，其中保障体系和监管环境建设是发展国家品牌的基石，文化创意产业发展需要建立在优质版权资源基础上。打造国家品牌形象需要利用好互联网技术，挖掘出 IP 价值，以优质的版权资源吸引消费者。

在此基础上，抓牢"一带一路"倡议带来的发展机遇，逐步加强与沿线国家的文化交流，可依托联合国教科文组织或上合组织等跨国多边组织，建立中国与沿线国家的人文交流合作机制，为中国与沿线国家文化政策制定者、专家学者及相关从业者们搭建有效沟通的平台，有效整合文教资源，激发文化交流领域的新合作。

2. 抓住新文创时代发展需求，加大文创产业品牌开发力度

在新文创的背景下，要将历史文化更真实、鲜活地呈现出来，让传统文化在扎根民众生活的基础上降低海外受众接受门槛，增强其对外传播影响力。政府需要对民族性历史性浓厚的创意行业加大引导和扶持力度，合理规划布局，出台相关政策促进其发展系统化，完善相关管理部门实现专项专管，建立起科学高效可持续的文化创意产业市场体系，从而提升品牌形象加成国家形象的效率。

此外，要重视形式赋能和科技赋能，积极引进高新科技融入文化创意品牌，利用"科技+文化"模式提供实景沉浸等新形式增强文化体验，实现与全球消费

者的高互动。顺应政策导向和新媒体时代特点，善用移动电子终端和大数据、云计算等互联网技术，提高产品科技含量和市场竞争力，利用国际社交平台及其他宣发渠道进行推广，推动文化创意产业信息在全球范围进行流通，加快中国文化品牌形象的塑造与提升。

二、培育中国特色文化 IP，助力国家形象输出

1. 具备超级 IP 意识，寻求跨文化认同

段淳林教授指出，文化大国在输出国家形象的过程中大多以塑造超级 IP 为重要发力点，超级 IP 所具备的一时爆款、具有多次开发的价值和可能性以及可衍生能跨界的特点，使国家在实现商业利益的同时，长久对输出国进行文化的潜移默化影响。中国政府需要对国家级 IP 的塑造进行顶层设计，以影视行业为例，从影视管理机构的设置到电影行业法律政策的出台，以及影视活动的营销等多个维度，全方位营造有利于影视产业发展的生态，简化审批流程、优化法律法规、设置奖励机制等一系列措施改善投资环境、增加商业机会，吸引国外影视公司进入中国投资拍摄等。

在 IP 开发过程中要发掘文化共性，探索国家身份的跨文化认同，主动有意识地突出"情感联系"。在近些年的全球传播实践中，IP 大国遵循文化差异性原则，逐渐超越以自我为中心的传统文化认同观，发掘世界多元文化的共性并试图促进跨文化对话，不仅有效地降低了跨文化传播过程中的文化折扣，在一定程度上也构建起国家形象的身份认同与价值适应。例如，和平和发展是当今世界的主题。中国在发展影视等行业时可以对自身进行包装，将文化背景、民族情感和价值选择进行提炼，进行适当定位，将国家意志、民族精神和国家意识形态方面与影视作品的情节、商业化操作融合在一起，从而完成对主旋律影视作品的塑造。

在超级 IP 的开发过程中，中国也应当要注意优化并拓展 IP 的表现和传播方式。可以善用音乐强化 IP 形象，打造立体维度，音乐是无国界的艺术语言，巧用民族音乐，不仅增强了观众对于文化源国的文化认同，扩大 IP 影响力，也更能促进国家品牌形象传播的范围和深度。从商业的角度来看，通过影视等文化内容植入国家品牌，或者赞助体育赛事、重大活动等都是可推广的手段，能够润物细无声地影响文化接收者，因文化的示踪效应，赞助和植入能够帮助国家品牌 IP 进行更广泛的传播，而国家也能够借助 IP 中的文化元素获得更好的形象认知。

2. 开拓海外新媒体平台，重视国家品牌形象自塑

对于代表中国对外传播整体话语导向的媒体，在所发布的每一条信息中，要以全球视野作为基本原则和构架，在对信息进行整合呈现时，以本土新闻作为传播重点，运用文字、图片、视频相结合的形式，对报道内容进行融合性媒介传播，坚持内容的原创性，兼顾国内和国际两方面的整体布局，塑造涵盖全球新闻领域的综合型媒体形象。

此外，长久以来，我们接受了西方塑造的中国形象，并以此来审视自己，陷入了"自我东方化"的桎梏，此时需要在跨文化语境下重新对国家形象建构思考，利用海外平台将国家价值观进行传达，对于别国对中国的形象定义要进行剖析和回应，将国家品牌形象的建立从"他塑"的被动地位转化为"自塑"的主动地位。

3. 加大活态文化 IP 输出，随时代对形式进行创新

中国的传统文化根基深厚，其中大部分通过言传身教进行传承。中医、茶艺、京剧等作为活态的文化，正成为一种国家品牌，承担着塑造国家形象的责任与使命，立足时代发展的新要求，其发展必须要与世界各国文化进行交流与对话。将活态文化的内核进行"可触摸、可感知、可接受"化，在提炼出中华优

秀传统文化的价值理念、情感表达、审美品位、个性修养的精神元素后，将其置于影视制作、外交礼仪、盛会活动等与世界文化交流的窗口中，增加其曝光度，同时激发别国对这些活态文化的体验欲和模仿欲。对于比较古老的文化形式，随着时代发展，利用大数据抓取不同国家对于文化的接触偏好，在内核不变的基础下对其表现形态和传播形态进行创新，不仅可以降低别国对此类文化的接触门槛，也更有利于二次传播。

三、扶持新型文创产业，实现文化出海

1. 利用中国文化原型资源，获取全球文化认同

在打造国家品牌的过程中，可以从物质领域抽取中国元素，如中餐、中国山水等，也可以从象征领域进行抽取，如故宫、长城等。除了单独使用中国元素为品牌形象加成外，还可以结合中国与东道国两种或两种以上文化元素进行混搭组合，目的是给目标群体一个参照体系，以便其对中国文化元素进行认知和理解，获得差异化的体验。国家品牌进行文化产品输出的过程中，不仅要针对单个东道国，还要寻找与别国文化和别国消费者的普遍性共识，完成品牌价值和目标消费群体价值的匹配，进一步满足全球消费者文化认知需求。

2. 以青年受众为入口，让传播的内容更加"接地气"

以青年受众为入口，会让传播的内容更加"接地气"。所谓"接地气"，就是让受众能够快速接收多模态中负载的信息，甚至自发的评论、转发，从而加深其对于我国文化的喜爱。例如，网剧就是将声音、图像等结合起来的一种互联网产品，而且是更加"接地气"的产品。一项研究表明，电视剧《延禧攻略》在海外的热播为我国传统文化的对外传播打开了新局面，观众不仅讨论延禧攻略的

剧情，甚至讨论剧中涉及的文化符号、历史人物、历史事件等。《延禧攻略》优秀的配乐不仅能够烘托情节，还显示出了中华文化的美感。这些文化符号在网剧中通过多模态形式给受众带来感官上的冲击，助力我国文化"走出去"，助力国家形象的塑造。因此，我们做国家形象传播时，要借力多模态传播，注重内容为王，降低跨文化传播的壁垒，帮助更多的跨文化受众快速地接受、喜爱我国文化。

中国传统文化宣传常以文化古籍为载体，而在网络将生活碎片化现状下，阅读完整的传统文学作品对于非原生受众存在较大挑战。此时，网络文学等新形态文化传播方式成为国家文化产品输出的优选。借助网络文学跨越国界、突破文化阻隔、走向世界的话语能力，帮助完成中国文化的隐形输出。

段淳林教授认为，当前输出海外的网络文学作品中有不少延续了儒学思想、侠义文化，烙有中华民族独特的精神品格与价值观念，负载着中华民族品性，展示着中国人民的生存之道，传达了民族价值指向。青年是当前与数字网络直接相连的黏性群体，网络文学栖息于数字空间，以青年共同的文化想象为基础，以共鸣性话题为切入点，所以想通过网络文学向海外读者讲好中国故事，还要以海外青年群体为入口。

3. 贴合政策，创新海外教育输出方式

"一带一路"背景下，为了加深中国与中亚地区的相互理解和沟通，孔子学院在中亚各国家逐步落地。但目前孔子学院仍然以中国传统文化的叙事方式来讲中国故事，在跨文化传播过程中出现了脱离当地文化实际、脱离当前中国发展成果等问题。"一带一路"倡议是中国发展新时期塑造国家品牌形象的良好机会，孔子学院在教育输出的过程中要进一步转变思想观念，积极开拓文化交流的新渠道，创新文化交流模式，构建一个丰富多样的人文交流机制。除去中国传统文化中表现中华精神的部分，还必须让中亚以及世界了解中国目前的发展进程和国家实力。

延伸到中国对海外的文化输出，要巧用传播策略，注重多维度的传播，在信息化、大数据时代，不仅要加强信息的反馈与分析，而且要有针对性地满足受众不同层次的需求。除此之外，加大在抖音海外版 TikTok、Facebook 等社交新媒体的宣传力度，增进国外公众对中国基本国情、发展道路、内外政策的了解与认识，展示新时代大国的形象，使中国文化品牌形象传播进一步立体化。

第三节 借助重大国际活动，展示大国形象

国家形象可以通过民族凝聚力、文化影响力、地区协调力、国际参与力等要素来建构，而重大国际活动正是将这些要素全面展示于世的绝佳舞台。调查显示，中国参加的外交活动往往在举办国能够获得较高关注度。因此，要善于利用重大国际活动来设置中国议题，传播中国声音，在举办地乃至世界范围掀起"中国热"。

已经在北京举办过两届的"一带一路"国际合作高峰论坛就是展示中国形象、传播中国声音的成功案例。2019 年 4 月，在第二届"一带一路"国际合作高峰论坛中，来自 150 多个国家和 90 多个国际组织的近 5000 名外宾带着友谊与合作的种子，将"一带一路"中国故事和中国梦、人类命运共同体、共商共建共享等中国理念在世界传播开来，有助于中国负责任大国和社会主义大国形象得到国际社会的更多认可。

北京冬奥会是我国在百年变局和世纪疫情交织影响下举办的重大标志性活动，是塑造中国形象、加强国际传播的重要契机。2008 年，我国成功举办了北京奥运会，让国际社会认识到中国的崛起是不争的事实、中国的发展进程难以阻

挡。时隔近 14 年后，我国日益走近世界舞台中央。与此同时，我国面临以美国为首的一些西方国家的污名化宣传和外交围堵，客观上对我们塑造中国积极正面形象构成了一定挑战。面对这一局面，我国以积极塑造可信、可爱、可敬的中国形象为破局之策，在北京冬奥会期间努力讲好中国故事，传播好中国声音，通过打造自己的叙事体系来对冲西方的污名化宣传，增进了其他国家，特别是外国普通民众的对华认同感，展示了真实、立体、全面的中国。

首先，中国履行承诺举办高水平冬奥会，树立了可信的大国形象。在新冠肺炎病毒肆虐的背景下，中国克服重重困难，确保赛事正常进行，充分体现了大国责任和大国担当。国际奥委会主席巴赫在 2022 年 2 月 18 日举行的新闻发布会上盛赞，"北京冬奥会的闭环管理非常成功""这里可以说是全地球最安全的地方"。在闭幕式上，巴赫四次用中文感谢中国，并用"无与伦比"形容北京冬奥会。中国不仅实现了举办简约、安全、精彩的冬奥会的承诺，还超额兑现了带动 3 亿人参与冰雪运动的诺言。法新社说，尽管"外交抵制"和新冠疫情这些阴云笼罩着北京冬奥会，但中国仍然可以自豪地说，冬奥会的组织是完美的。澳大利亚《时代报》指出，中国向国际社会交上了一份令人满意的冬奥答卷。中国再次向世界表明，中国是一个可以信赖的负责任大国。

其次，中国努力提升外国受众的接纳度，展现了可爱的大国形象。墨西哥国立自治大学政治和社会系教授玛丽亚·克里斯蒂娜·罗萨斯认为，"面对全球化，传统的公共外交不得不做出改变。如今公共外交的核心目标是公民社会，目的是赢得人心"。而在本次北京冬奥会的公共外交中，最成功的当数冬奥会吉祥物"冰墩墩"，它成功承担起联结国外受众的任务，成为了外国民众接纳中国、塑造中国可爱形象的关键载体。日本《产经新闻》报道称，"冰墩墩"成为"可爱中国"的缩影，而中国的目的是通过软实力来潜移默化地提升国家形象。此外，颇具中国式浪漫色彩的冬奥会开幕式、让不少外国运动员感动落泪的冬奥志愿者，无疑都在展示中国可爱的一面。

最后，中国全方位展现综合实力和自信心，塑造了可敬的大国形象。美国《纽约时报》看到了北京冬奥会及其背后的全球政治变局，认为"中国不再像以前那样，需要证明自身的崛起"。法国《回声报》也注意到，中国和西方国家间的力量对比和相互感知已发生深刻变化，而天平极有可能向中国方面倾斜。中国台湾的《中国时报》则对 2022 年北京冬奥会与 2008 年北京奥运会开幕式进行了对比，认为大陆出现了巨大改变，"最大的炫耀就是低调得不再炫耀，最大的自信就是不需要再急切地告诉别人自己存在的象征与意义"。中国香港《南华早报》也刊文称，自 2008 年以来，北京的思维模式已经发生明显转变，从寻求国际社会认可其为平等和受尊重的成员，转变为更加坚定和自信的国家形象。墨西哥《先驱报》则说，与 2008 年时中国政府的目标不同，此次更多的是为了向各国展示中国取得的进步，并以某种方式让世界接受中国在全球事务中的领导地位。

第四节　重视新媒体传播

在网络技术飞速发展下，大数据时代已经到来。同时，新媒体的迅猛发展，得益于新媒体技术不断突破产生的引领和支持。以数字媒体、网络技术与文化产业相融合而产生的新媒体技术产业，正在世界各地高速成长。

进入 21 世纪以来，学科交叉融合加速，新兴学科不断涌现，前沿领域不断延伸。以机器人、大数据、云计算、人工智能、区块链、5G 等为代表的新一轮信息技术革命已成为全球关注焦点。欧洲、美国、日本等发达国家和地区争相竞逐新一代信息技术市场蓝海。

未来 10 年，信息技术的长远发展，意味着计算从赛博空间进入人机物三元世界，通过云计算、物联网、移动通信、光子信息等技术支撑，进行个性化大数据计算。人机物三元融合将使得信息科技沉浸式渗透到实体经济和社会服务中。传统计算机科学将演变为人机物三元计算信息科学，传统信息技术将升级为"端—网—云"信息网络技术，出现新的硬件、软件、应用模式、协议和标准。

经过数十年的发展，数字经济所依托的基础软硬件技术和产业取得了较大进展，初步形成了比较完整的产业链。未来10年，得益于我国政策规划、产业结构升级效应、数据资源禀赋效应，数字经济还将迎来发展的机遇期。

在互联网瞬息万变的时代，新技术的诞生，对于聚焦营销的群体来说，多了一个工具去创造更好的用户体验。直播、短视频、H5等是创意技术与媒体技术融合的现象级产品。在技术越发成熟的今天，应该抓住时机，以创意力量去创造内容、互动，并投入新媒体运用，这既能取得很好的传播效果，也让受众的碎片化时间变得更加丰富多彩，更有利于国家良好形象的形成、传播。新技术在品牌营销领域将大有可为，整个传播生态圈诞生了不少精彩的技术传播尝试。

不断更迭的广告技术、营销技术所带来的冲击力更大，它要求我们要快速融合数字、技术基因，不仅是去连接消费者，掌握消费者动机，同时也需要挖掘消费者潜在需求，更好地理解消费者，产生更有吸引力、传播力的创意。

在中国，政策层面已有针对人工智能的整体规划。从政府工作报告、"一带一路"倡议等国家级战略对人工智能的提及和重视程度可以看出发展人工智能的决心。作为人工智能商业应用的重要领域，营销自然也成为其中的一部分。

伴随着AI时代的到来，整个营销领域都将发生翻天覆地的变化，它不光会影响绝大部分城市的品牌营销行为，更重要的是会影响我们每一个人。

以G20杭州峰会为例。2016年9月4日，G20峰会"最忆是杭州"文艺演出在杭州西湖岳湖景区上演，这是一场为20国集团领导人杭州峰会呈现的大型水上情景表演交响音乐会，也是国内首次在户外的水上舞台举办的大型音乐会。这场音乐会脱胎于《印象西湖》，由张艺谋亲自执导，整场演出将在室外水上使用全息投影技术，将科技手段和自然环境完美融合，中西合璧、美轮美奂，给国内外受众留下了深刻的印象。

此次峰会首次确立"构建创新、活力、联动、包容的世界经济"的长程愿景，第一次将联合国2030年"可持续发展议程"作为行动方案的目标，并首度提出支持非洲国家和最不发达国家工业化合作倡议，这也是中国国家形象建设历程上浓墨重彩的一笔。

新媒体时代与大众传播的主要区别在于用户的中心地位，也就是说，用户的认知态度和反馈对媒介内容、形式的传播有着重要影响。对于国家形象传播来说，也是如此，需要通过用户的感知来反向探索更加有效的传播模式。随着移动视频社交的发展，年轻用户的注意力也转向各类社交平台，社交媒体影响者（Social Media Influencers，SMIs）通过内容创作建构了新的"拟态环境"，从而影响人们的认知。在这个过程中，国家形象的传播也可以聚焦到不同维度，通过不同领域内的影响者与短视频社交平台的联合，实现受年轻用户喜爱并认可的内容传播。这种趋势正在发生，比如短视频与学界大咖的联合，科普破圈，扩大了知识的影响力，也更受用户欢迎。另外，以李子柒为代表的具有中国特色的视频博主，"赋能"文化传播，让我们看到了国家形象宣传和传播的新路径。因此，在新媒体时代，"短视频+影响者"模式提供了更多的可能性。

当今国际社会，国家形象塑造已经上升为一国不可或缺的国际战略。人工智能时代，不同的虚拟场景相互融合，时间与空间的界限逐渐消失，人们不需要亲临现场便能体会真切的存在感。社交媒体、直播、VR、AR、弹幕类视频网站等平台突破传统媒体的时空限制，建构起虚拟的互动场景，通过声音、文字、图像等多种形态来传播国家形象，助其立体与丰满。所以，不断探索我国国家形象的多形态塑造方式是至关重要的。

新媒体、社交媒体为图像的产生提供了便捷的渠道，无论是微博、推特、Ins，还是YouTube、TikTok上，它能够为不同的文化群体赋权，让用户快速上传自己的图像，包括图片、视频，并附以相应的文字，最终形成多形态的推文。每个用户都可以是多形态推文的生产者、传播者、受众，而用户的文化身份就会在图像中凸显出来，所处的城市、国家，也变成了标签和属性。比如李子柒的图像，对西方受众而言，不需要具备大量的中国文化知识，就可以看到一个美丽的黄皮肤女孩，在东方田园里面种植植物——这个图像是具有明确的能指，而多重能指共振产生了丰富的情境，其隐含的"所指"，是东方田园牧歌式生活，帮助西方受众快速建立起了关于东方文化的浓郁想象。从传播效果角度来讲，无论是意见领袖，还是普通人，这样的文化身份的呈现，都会帮助我们去建构立体的国家形象。

要进一步重视对传媒新技术的研发和使用，推动新媒体在全社会的广泛应用，提升对外辐射能力。建立多元表达、主体下移的网络传播新思维。网络国际传播也可以在一定程度上社会化，在坚持以传统有组织的和体制化的对外传播为主体和核心之外，吸纳民间智慧，利用国内外各类社交媒体，形成新的对外传播力量，建立中国自己的多层级和多渠道的对外传播体系。加强互联网管理和网络安全建设，建立有效的突发事件网络传播机制。坚持及时性、客观性和平衡性，坚持全面报道，善于引导、利用报道获取传播公信力。把握网络舆情引导的时、度、效，在突发事件中，争取在第一时间发布信息，掌握舆论引导的主动权、事件处理的主导权，避免沦为被动。只有客观、真实、生动、自信地讲好中国人民的故事，才能引导人们更加全面客观地认识当代中国。

同时，加强自主国家形象民调建设，对国家形象自主开展机制性的国际调查与研究，一方面，可以持续地从整体上把握海外受众对中国国家形象的真实认知情况，及时开展国家形象塑造效果评估，并根据反馈制定和更新富有针对性的传播战略；另一方面，通过主动设置议题、定期发布有影响力的报告，有助于向世界发出中国声音，对冲西方舆论负面影响。积极创立自主国际民调品牌，通过市场运作的方式，逐步将自主国家形象调查平台建设成为在专业水平和国际影响力上均可与皮尤、盖洛普等国际知名调查机构比肩，甚至有所超越的国际调查品牌。加快国际调查数据库建设，扩大自主民调在业界、学界的影响力，推动调查数据成为国家形象研究的权威一手资料来源，在国际民调舆论场上持续发布中国观点，传递中国声音，贡献中国智慧。

此外，还要积极加大与国际智库的交流与合作。作为服务公共事务决策、服务社会的"思想库"和"智囊团"，智库在现代国家治理体系中扮演着越来越重要的角色。智库之间的对话往往围绕全球政治经济发展的重大问题、彼此共同关注的双边和多边问题，以及相互认知问题等，提供指引方向的思想产品，对国际传播体系中的精英群体意见有着十分重要的影响。与国际智库机制性开展对话与交流，是改变国际舆论对中国的片面看法、塑造中国真实客观形象的重要手段。要注重建立中国智库与国际智库的对接体系，积极与世界主要智库开展长期性、机制性交流对话，通过人员互访、举办和参与国际会议、签订战略合作协议、联合发布报告、分级别数据资源共享等形式，不断扩大国际智库合作的"朋友圈"和影响力，将中国国家形象更高效、更立体、更具公信力地传播出去。

第五节　虚拟数字人和二次元文化的应用

当下，我们正处于第四次工业革命的巨变之际，以人工智能、虚拟现实、量子计算、量子通信、物联网、大数据、机器人、纳米技术、生物基因等为代表的新技术推动下的第四次工业革命，正在不断取得更多、更新的成果，逐渐改变着人们的工作和生活方式。新技术带来的新工艺、新产品、新应用，将导致人们行为方式、思维模式、生活方式发生改变，同时改变媒体的生态。

目前，针对我国国家形象传播中存在的一些问题，如内容产品多元化不足、传播主体较为单一、传播对象不够精准等，5G 和虚拟数字人技术能够有效解决此类问题，是我国新型国家形象传播中的重要应用方式。

当下，国家形象传播的大环境已发生了巨变。2019 年 6 月，我国发放 5G 商用牌照。此后，5G 和人工智能成为"新基建"，大力发展 5G 已写入国家"十四五"规划，我国 5G 在网络、用户、终端、业务等方面均取得了阶段性成果。2021 年 5 月，我国建成全球规模最大的 5G 独立组网网络。在 5G 建设方面，中国一直走在世界前列。工信部相关数据显示，截至 2022 年 8 月末，中国建成的 5G 基站总数已达 210.2 万个，前 8 个月新建 5G 基站 67.7 万个，提前完成全年建成 200 万个 5G 基站的目标。在 5G 基站和 5G 用户数方面，中国均占全球 60% 以上，5G 网络用户、终端普及和应用等实现全面领先。

近年来，NFT 元宇宙、虚拟数字人、数字藏品等词刷爆全网，虚拟偶像、虚拟主播、虚拟代言、虚拟主持层出不穷。随着文化数字化上升为国家发展战略，虚拟数字人的发展进入快车道，不再只是前卫的科学技术，而是从实验室出来，走进人类社会，并和我们发生交流互动。这背后一种新的模式正在诞生。

"虚拟数字人"就是在 5G 技术赋能下被广泛应用的一个新产品形态。"5G+虚拟数字人"技术将应用于国际传播的多元场景，并利用全媒体，弥补我国在国家形象传播中存在的不足，助力我国在新型国家形象传播中发挥优势。[①]"虚拟数字人"传播着国家形象，也承载着中华优秀传统文化，并推进着传统文化的传播。2022 年 5 月 18 日，国内首个文博虚拟宣推官"文夭夭"正式亮相，其名字来源于《诗经》中的"桃之夭夭，灼灼其华"，双髻丸子头，着一袭淡雅长裙，具有浓厚的古代气息。"文夭夭"储存了各博物馆的发展历史、文物珍藏和文化内涵，因此于当天入职于中国文物交流中心，并与江西省博、甘肃省博、河北博物院等十余家省市级博物馆馆长展开对话，解说展馆之宝背后的文化故事。在未来，她也将作为文博届的宣传大使，走向国际进行海外出访交流，传播中华优秀

---

① 卢迪，孙明慧，瞿澜 .5G 时代虚拟数字人在国际传播中的应用［J］. 对外传播，2022（9）：1.

传统文化。2022 年 7 月 22 日，由国家博物馆与腾讯 SSV 数字文化实验室联合打造，腾讯云小微提供技术支持的数智人"艾雯雯"正式亮相。作为国家博物馆一位特殊的新员工，"艾雯雯"既拥有在现实世界博物馆深入不同岗位学习的能力，也是虚拟世界国家博物馆的形象代言人。通过腾讯云小微"交互智能"技术，"艾雯雯"得以拥有超强的自学习、自适应能力，能够不断更新、丰富自己的知识库，以国博 140 多万件馆藏为基础，构建丰富的知识储备和互动技能，为慕名而来的全球游客讲解中华文明，让中国文化更好地走向世界。智慧融合，数字赋能，不管是文博虚拟宣推官"文夭夭"，还是虚拟数智人"艾雯雯"，都开启了中华优秀传统文化传承传播的新渠道。

虚拟数字人出现之前，海外用户对中国的了解主要来自媒体报道和西方媒体平台，而虚拟数字人能够用海外语言、海外形象、海外思维直接参与到国际传播中，最大限度减少信息差。目前，我国对外进行国际传播的主要中介平台为海外媒体与海外互联网平台，主要模式是由我国主流媒体与海外媒体合作稿件，或在海外互联网平台开设账号、发布信息来开展对外传播。当前，我国部分主流媒体在西方互联网平台开设社交媒体账号，如人民日报的脸书（Facebook）账号、新华社的推特（Twitter）账号等。但这种模式的弊端是我国对外传播要依托西方媒体和西方互联网平台，因为这类中介平台掌握着全球的信息流向和信息权利，在国际传播生态中具有重要意义。

与中介平台不同，国际传播"中介物"的出现，在一定程度上可以绕过强势的西方中介平台，达到较好的国际传播效果。2021 年 5 月，我国十多头原本栖息在云南西双版纳的野生亚洲象，北上数百公里进行远距离迁徙。这次迁徙事件引起了国际媒体的广泛关注，俄罗斯、日本、泰国及菲律宾等多国媒体对大象迁徙进程进行报道。央视网在脸书开设的大熊猫主题账号"ipanda"，也曾依靠一条《熊猫宝宝实力演绎撒娇卖萌抱大腿》的 57 秒短视频在五天内吸引 140 万粉丝，播放量超 1.7 亿人次，独立浏览用户超过 3.9 亿人次，并引起英国广播公司

（BBC）、英国独立电视台（ITV）、美国全国广播公司（NBC）以及《华盛顿邮报》《每日邮报》《共青团真理报》等国际知名媒体关注。在这两个案例中，我国特有的保护动物充当了国际传播的"中介物"，媒体报道引起了各国友人的广泛共情，由此可见"中介物"能够让真实话语与客观信息直接参与到国际传播中。

从中介属性的角度而言，虚拟数字人是新生事物、新媒体，是基于新一代信息技术平台的具有媒介属性的技术产品与传播出口。2021年10月，广电总局发布的《广播电视和网络视听"十四五"科技发展规划》明确指出，要推动虚拟主播、动画手语广泛应用于新闻播报等节目生产。虚拟数字人在国际传播中的应用，不仅可以在一定程度上缓解海外媒体和海外互联网平台的强势信息垄断，也可以发挥其与生俱来的技术优势，让中国话语直达海外用户。与此同时，虚拟数字人的中介属性还体现在它的出现和应用不仅能让媒体机构为国家、为社会、为各行各业做好服务和支撑，在更大范围内发挥国际传播媒体价值，还能让各行各业的传播者都可能参与到国际传播活动中，构建更加完善的国际传播体系。

中华五千年，文脉传承永续，东方文化博大精深，华夏文明绚丽多彩。然而，我们在国际传播中却不得不面临着海外国家在客观上的语言差异、主观上的审美差异，以及由于不了解、不理解东方文化背景所导致的刻板印象偏见等现实情况，进而导致传播效果大打折扣。虚拟数字人作为国际传播的文化"新化身"，既能够针对不同地区的受众进行精准传播，也能够在一定程度上避免这些问题。虚拟数字人作为新一代信息技术应用，能够充分发挥先进技术的先进性，驱动和赋能新时代的中华文化国际传播。当虚拟数字人成为国家文化的传播载体，其实是把相对主观存在的精神、思想、理念转化为客观存在的"人"；把传播主体国的语言、形象、习惯，合成为传播对象国文化语境中的"人"。作为国际传播文化"新化身"的虚拟数字人，借助新一代信息技术可以让文化更直观、思想更可感。

国家形象的塑造，要想赢得90后、00后的支持，既离不开虚拟数字人，也离不开二次元文化。

二次元文化起源于日本，是指在以 ACGN（即英文动画 Animation、漫画 Comic、游戏 Game、小说 Novel 的缩写）为主要载体的平面世界中，由二次元群体形成的独特价值观与理念。

近年来，二次元文化以日本为中心，在亚洲乃至全球文化圈不断扩散。在以推广"新文化产业"继而推动经济发展的"酷日本"战略中，二次元文化作为"文化输出"的重要组成部分被纳入国家经济发展战略，并积极向海外推动。日本动漫历史不过百余年，但二次元文化已深深植入日本国人心中。二次元文化在日本绝对称得上主流文化。

在 2016 年里约奥运会闭幕式上，下届东道主东京带来了令人惊艳的"东京八分钟"宣传片，依托 AR 技术向世界展示了日本的二次元文化——大空翼、哆啦 A 梦、Hello Kitty 等动漫人物悉数登场，时任首相更是化身马里奥，利用马里奥的通水管道现身里约热内卢现场，引起全球瞩目。

作为与日本一衣带水的邻邦，中国的二次元产业也在发展壮大。自 1985 年《铁臂阿童木》的引进开始，中国二次元文化在 30 多年间飞速发展，形成了富有中国特色的二次元产业。动漫产业作为新兴文化产业，是文化部"十三五"重点发展产业之一。国家的政策扶持和消费者的认可使得二次元产业在中国进入了爆发式增长阶段。根据文化委的数据，2018 年，我国泛二次元用户达到 3.3 亿次。在二次元人群中，出生于 1990~2000 年的用户约占 80%。2019 年，动画电影《哪吒之魔童降世》首日票房 1.37 亿元，总票房达到约 50 亿元的优异成绩，也证明了二次元产业在中国的蓬勃发展。

二次元与国家形象建设息息相关。随着 5G 与人工智能、机器视觉及语音识别等技术的不断成熟，我国媒体、企业乃至个人都将具备利用虚拟数字人和二次元文化开展国际传播的条件和能力，从而可以构建一个全方位、立体化的，从主流媒体到社会个体的新型国家形象传播体系。

第七章　国家形象战略应用案例

形而上者谓之道，形而下者谓之器，化而裁之谓之变；推而行之谓之通，举而措之，天下之民谓之事业。

——《易经·系辞》

第一节　中国——北京冬奥会与国家形象提升

奥运会是最顶级、最具有世界共享性的大型体育赛事，因此，如何承办好、传播好奥运会以提升国家形象并对奥林匹克运动做出贡献，成为历届奥运会东道国的重要责任。"团结""可持续"等奥林匹克运动组织改革核心理念、"简约、安全、精彩"的北京冬奥会办赛目标、塑造"可信、可爱、可敬"的中国形象，这三者融合并多维度生动建构了北京冬奥会中国体育形象，从而建构出中国形象以及奥林匹克形象。北京冬奥会中国体育形象建构的主要路径可以包括：以"简约、安全、干净"建构可信中国体育形象；以"开放、亲和、健康"建构可爱中国体育人形象；以"创新、超越、团结"建构可敬中国体育形象。

北京冬奥会凝聚民族精神、凝聚亿万人民的力量，开启新的圆梦旅程。中国人在长期奋斗中培育、继承、发展起来的伟大民族精神，为中国发展和人类文明进步提供了强大精神动力。勤劳勇敢、刚健自强及以和为贵等很多观念像血液一样在民族躯体中流淌，体现了中华民族认同的价值取向、思维方式、道德规范以及精神气质。

改革开放以来，中国在继承和弘扬民族精神的基础上，立足新的时代条件，形成了以改革创新为核心的时代精神。北京冬奥会无论是在场馆建设，还是为举办赛事提供的各种服务上，都体现了中国的科技创新精神。

北京冬奥会期间，无论是体现硬实力的基建能力、科技实力，还是体现软实力的赛事组织、疫情防控等方面的治理能力，中国均有良好表现。硬实力与软实力结合在一起，形成了塑造中国形象的"巧实力"。

北京冬奥会伊始，赛事基础设施建设就赢得广泛赞誉。首钢滑雪大跳台可以说是关注度最高的设施。法国《费加罗报》称："2022年北京冬奥会之所以将会留在人们的记忆之中，并非因为它的节日气氛，而是因为其基础设施的质量，所有设施一个比一个漂亮，令人印象深刻。位居榜首的毫无疑问是滑雪大跳台的赛场。"此外，区别于一般滑雪赛事的山地森林景色，首钢的工业风与滑雪运动的极限动作在审美上发生了奇妙的化学反应，美国自由式滑雪运动员尼克·戈珀说，这个比赛场地"感觉像是建在虚拟世界里，在电子游戏里"。众多选手和社交媒体网友表示这一场景很酷。此外，受到外媒关注的议题还有京张铁路冬奥列车的运行、"冰丝带"场馆内屡破纪录等，涵盖赛场内外方方面面，展现出我国综合全面的科技实力。

科技元素是北京冬奥会上最先引起外界关注的话题。运动员刚刚抵达奥运村，就被各类有趣的服务机器人、零重力智能床等吸引，海外社交媒体上的相关内容随即引发网友大量围观。在比赛开始后，短道速滑赛场的高清摄像系统"猎豹"、技巧类项目转播中的"时间切片"等视觉技术的应用极大提高了观众的观赏体验。此外，赛场外的科技元素被国内外媒体广泛关注。美国《华尔街日报》、日本《日本时报》、加拿大《环球邮报》等媒体关注赛事期间数字人民币的应用。美联社、路透社、西班牙"世界秩序"网站等媒体则关注二氧化碳制冰、张家口风力发电厂、氢燃料大巴车等绿色低碳技术的应用。俄罗斯自由媒体网报道了中国运动医学的发展，认为此举让中国运动员几乎不受兴奋剂问题困扰。

如果说硬件一直被视为中国的强项，而中国此次在赛事组织安排，尤其是疫情防控上也展现出了强大的现代化治理能力。疫情防控一直是各国媒体紧盯的目标。随着各国运动员和记者抵达冬奥村，闭环内的真实生活得以展现。包括路透社、埃菲社在内的各国主流外媒几乎都对闭环规则和内部运行情况进行过详细报道。截至 2022 年 2 月 20 日冬奥会闭幕，闭环内未发生聚集性疫情，也没有一场赛事因疫情中断，闭环内人员和北京市民的健康和安全得以保障。

北京冬奥会除了展现奥林匹克精神、民族精神以及时代精神之外，还展现了很多其他的精神。例如，工匠精神、志愿服务精神以及抗疫精神等。正是这些精神，为北京冬奥会顺利举办凝聚了精神力量、提供了精神动力、振奋了中华民族的"精气神"，也为世界各国人民"一起向未来"提供了精神纽带。与此同时，这些精神不断延续与照耀前行，必将会增强我们实现中华民族伟大复兴的信心，必将为实现"第二个百年奋斗目标"提供精神支撑，也必将推动人类命运共同体建构，为世界的和平、合作与发展提供精神基础。

2022 年举办的北京冬奥会，搭建了一个国际舞台，中国作为奥运会主办国是国际舞台上的主角。"精彩的故事是一个国家形象的生动描写，是一个民族软实力的象征。"通过讲好中国故事，能给外部世界勾画出一个真实的中国国家形象。

第二节　新加坡——弹丸小国成为亚洲明星

新加坡是典型的移民国家，百姓富裕，治安较好。虽然它曾经只是个荒凉的小渔岛，无人问津。但新加坡人一寸一寸改造这个小岛，用了几十年的时间把它变成了全世界最富有、最美丽的宜居国家之一。

新加坡的美丽干净、精细别致给游客留下了深刻的印象。所有空调的滴水，必然不会落到户外而是流到自家的下水道；海水淡化技术高超，自来水可以直接饮用。新加坡民众对于犯罪的理解，是报纸、电视、网络上的新闻。新加坡是礼仪之邦，人们循规蹈矩到令人咋舌的地步。这一切发生于这样一个年轻的小国。

自 1965 年新加坡共和国成立以来，新加坡就励精图治，其生活质量指数位居全球前列，在亚洲国家中表现抢眼。2010 年的某项国家品牌调查中，新加坡居全球前十五位。而在 2017 年的由品牌财经公司所发布的国家品牌排名中，新加坡以 92.9 分在"十佳最强国家品牌"中位居榜首，是唯一得分超过 90 分的国家或地区。

新加坡政府设立了专门的职能部门负责打造国家形象，输出科技、创意和价值，保证国家发展永远被最有智慧的人才推动，同时坚持低福利，但是高收入和高购买力又推动了全民富裕社会的实现；法治严苛造就了亚洲最安全和最廉政的国家；花园城市的美誉赢得了世界的目光，发达的社会闪耀着不夜城的传奇。可以说，新加坡通过创建和培养国家品牌，在从第三世界跃升到第一世界的过程中塑造出了一个善治、高效、美丽、全球化的新加坡国家形象。

国家品牌的塑造就是打造国家形象的过程。在品牌塑造过程中，往往会借助大众传媒、社交新媒体以及其他多方渠道等平台，同时还会依托国家的外交行为，尤其是公共外交实践，拓展对他国社会公众的影响力，赢得对象国家公众的好感和认可。很简单的一个道理，每年休假的时候出国度假你首先会想到哪个国家？如果给你一个机会移民，你首先又会想到哪个国家？在每个人心中所闪现出的那个国家必然会对其国家形象持肯定态度。因为这个国家在他国公众的视野所及和心灵碰触之处与目标群体产生了共鸣。这一目标的实现并不是一朝一夕就可以做到的，也不是理所当然的，是需要漫长的形象建构和品牌塑造，需要一国政府、社会和传媒等多重渠道积极推动公共外交实践来夯实和拓展，当正面的国家形象得以建构便会赋予这个国家以额外的竞争优势。

所以，像新加坡这样的国家，它们已经"不再只是地图上的一个定位，而是已经成为'品牌国家'。在全球化进程中的消费者日益与这些国家产生感性的共鸣，并让其所具有的地缘和政治环境没有那么重要了，……而形象和声誉却已经成长为这些国家战略性资产的重要元素"。在这种语境中，国家形象的建构和传播就愈加显得迫切而有必要。具体而言，新加坡国家形象的建构涉及多个领域，涵盖了纵横交错和大小融合的不同层面和多个领域，从而让新加坡国家形象的建构与传播呈现出更加多元化的特点与选项。

首先，通过打造标志性的国家符号，让新加坡的国家形象从抽象走向具体。鱼尾狮的形象代表了新加坡的文化特点，也成为这个国家的重要象征；新加坡航空所打造的"新加坡女孩"通过精心设计的娘惹风蜡染服饰和精致的装扮为新加坡赢得了世界的赞许；肉骨茶、海南鸡饭、椰浆饭以及娘惹菜等带有典型移民社会风格的美食成为吸引世界各地游客味蕾的载体，甚至海南鸡饭还被称作是新加坡的"国饭"。而在不同的时期，新加坡政府根据所处的时代背景、经济发展阶段以及社会发展要求而提出了不同的旅游营销口号，以此来助力新加坡旅游的发展，打造新加坡的国家品牌和形象。

其次，提升国家治理能力，为世界提供发展与稳定的样板。提起新加坡，世人首先想到的是新加坡的干净、整洁、高效与安全，而在新加坡共和国成立以前，这是一个被温思敏形容为"一辆破车，而不是劳斯莱斯"的地方，甚至还有人将其称作是苏伊士运河以东最糟糕的贫民窟。但是，就是在这个缺少自然资源和基础薄弱的弹丸之地，凭借政府的励精图治，将新加坡打造成了全球国家治理的样本，成为善治社会的典型代表。其中，打造高效文明的投资环境，坚持开放型的经济发展模式，打造全球城市等举措都是化解其国土面积小这一天然劣势的重要方略。世界上的小国在整个国家数量中占绝大多数，但是能够像新加坡这样取得巨大的发展成就，仅仅经历一代人就让这个原本属于第三世界的毫无资源禀赋的岛国迈入了人均国内生产总值居于前列的第一世界的国家却是屈指可数。这无疑对新加坡的国家形象建构起到了决定性的加分作用。

再次，注重示范效应，让每一位国民都成为国家的名片。李光耀、孙燕姿、林俊杰、马凯硕、许通美、梁文福等名字背后代表了他们的祖国新加坡，而新加坡也因为这些个体名字的闪耀而得以持续强化它的国家品牌和国家形象。随着网络尤其是新媒体的发展，普通公众借助社交媒体打造自我品牌的行为既让世界认识了个体，同时也通过这样的平台为世界呈现了这个国家的多元历史与文化、和谐的社会以及发达的经济。可以说，在新加坡的国家形象塑造和传播中，不同的国民都在扮演着积极的角色。

最后，借助区域和国际组织等多边舞台为新加坡的国家形象加分。新加坡在区域和国际层面积极作为，在政治领域推动了东盟会议、亚欧会议、东盟地区论坛、亚太经合组织等区域合作机制的成立和发展，并且积极推动了中国两岸关系的和解与对话。新加坡在经济领域的发展也让其成为一个并非微不足道的国家。所有这一切都为新加坡的国际形象和影响力提供了有力的支撑，并为其赢得了"小国大外交"的美誉。

新加坡虽然小，但能在如此激烈的国际竞争中赢得与其先天条件所不相称的巨大国际影响力，并持续发展保持蓬勃的生命力，塑造出良好的国家形象和品牌，用新加坡人常说的一句话来说就是："新加坡的成功不是理所当然的。"新加坡取得这种"不是理所当然的"成功的原因可以概括为两个方面：一方面与其所拥有的独特的自然条件与文化资源有着密切的关系；另一方面则仰赖于新加坡政府在国家形象构建与传播中富有前瞻性的战略谋划，有步骤、有层次、有深度地推动公共外交活动与国家形象塑造之间的有机结合，最终形成强大的公共外交合力，成为国际舞台上"小国大外交"以及多元社会善治的重要标杆性国家。

所以，虽然新加坡开启现代文明的历史并不长，但是却成功塑造了良好的国家形象，打造了优质的国家品牌，使其在确保了经济与社会快速高质量发展的同时，也得以实现了文化软实力的绵延及影响力的延续。而探寻新加坡成功的密码也成为当前不少国家关注的焦点。

第三节　韩国——"韩流"是如何发展壮大的

如果将国家视为一个品牌，那么如何有通过国际传播，将国家品牌推荐到国际上并使其成为世界级一流"品牌"，再通过运用政治营销方式，将这个品牌建构成为一个大众知晓而且极具竞争优势的"名牌"，这就是所谓的"品牌国家"。

20 世纪 90 年代初，韩国国民生产总值已经跃居"亚洲四小龙"之首。经济上取得成就的同时，也日益注重韩国国家形象的塑造与传播，通过推行"文化立国"战略，积极参与国际事务，大力发展科技创新，并借助其具有领先优势的企业，风靡世界的"韩流"热潮，以及承办世界杯、奥运会等全球性国际赛事，对外打造充满现代气息的"动感韩国"形象。

一、政府制定国家形象发展战略

朱玲（2014）指出，韩国政府在国家外交发展中的作用是不可估量的。韩国国家形象塑造取得显著的成果，首先要得益于政府的系统规划和大力支持。韩国政府认识到国家发展不仅要依靠经济的发达，要想在国际社会上扩大影响力，独特的国家形象塑造发展模式是不可忽视的。

从韩国国家形象塑造发展史来看，无论是在体育外交、文化营销、企业外交还是在援助外交上，韩国政府始终扮演着重要角色。

韩国政府积极发挥统筹主导作用，设置专门机构实施和推进国家形象传播各项具体活动。在韩国，以提高国家形象活动为主要业务的主要政府部门有：外交通商部的文化外交局、文化观光部、财政经济部的经济弘报企划团、国政弘报处的海外弘报院等；相关机构有：韩国国际交流财团、在外同胞财团、韩国国际合作局、韩国观光公社、阿里郎电视台、国际教育振兴院、韩国学术振兴财团、韩国文化产业振兴院等。各机构部门相互合作，共同促进对外交流与韩国国家形象的传播。2002 年世界杯后，韩国政府更加认识到提高国家形象的重要性，专门成立了国家形象委员会，统筹推进国家形象战略性传播，加强统一建设"动感韩国"国家品牌活动，使得韩国国家形象传播工作开展得更加有效、成功。

二、文化营销提升国家形象

在韩国剧集《鱿鱼游戏》中，负债累累的人们在一场致命的比赛中相互竞争。这部剧已成为奈飞（Netflix）在包括美国在内的 90 个国家的最热影视剧，而且是奈飞有史以来最受欢迎的原创节目。这部剧不仅构思巧妙，还捕捉到了富裕社会中许多人对不断扩大的收入不平等的深层担忧。

此外，从防弹少年团（BTS）等流行音乐，到《寄生虫》（2020 年第一部获得奥斯卡最佳影片奖的外语片）等电影的成功，韩流在全球取得了前所未有的成功。

虽然现在全世界有数百万人经常接触韩国文化，但很少有人知道它如此成功的原因。韩国的文化发展不仅是少数富有灵感的创作者努力的成果，还是政府长期努力扩大特定创意产业的结果，这一战略以经济增长和更大的全球影响力的形式同时帮助提升了韩国的硬实力。凭借这种新获得的影响力，首尔有机会在当代国际政治中扮演了更积极的角色，传播了其无处不在的流行文化。

韩国的文化复兴始于逆境。1998 年，韩国总统金大中上台，当时韩国还在遭受亚洲金融危机的冲击，金大中把媒体和流行文化作为经济增长的主要来源。通过"文化立国"战略，金大中政府将文化产业（音乐、电视剧、电影、动漫、游戏和角色）的价值在两年内提升到 2900 亿美元，超过当时的半导体产业（2800 亿美元）。政府还将文化产业预算从 1998 年的 1400 万美元增加到 2001 年的 8400 万美元。

为了促进韩国流行文化的发展，韩国政府采取了政府与民间合作的模式，这一模式最初是首尔为发展电子、造船、汽车制造和其他出口产业而开发的。文化观光部与宣传企业、技术企业等民间企业一起，为开拓电视剧、电影、流行歌曲等海外市场，制订了具体的事业计划，并向企业家提供贷款，为有抱负的艺人提供培训。

2002 年的电视剧《冬季恋歌》的热播标志着这一举措的第一次巨大成功。这部关于两个年轻恋人催人泪下的电视剧之所以风靡全球，部分原因是韩国政府与外国广播公司签订了协议，迅速吸引了全世界的狂热粉丝。仅在日本，《冬季恋歌》相关商品的销售额就超过了 350 万美元。2004 年，当这部剧的男主角访问东京时，成千上万中年女性到机场迎接他。与此同时，2003～2004 年，到韩国旅游的外国游客数量增长了近 75%。据韩国旅游官员称，增长的主要原因是韩国流行文化的吸引力。

之后，韩国政府试图继续利用这些早期的成功经验。2003 年，当选总统的卢武铉提出了"创意韩国"的口号，并增加了对文化创业企业的补贴。继任总统李明博把文化出口作为提升韩国国家形象和促进经济增长的一种手段，尤其热衷于推广泡菜等韩国食品。

2017 年，韩国总统文在寅通过税收优惠和补贴，继续支持文化产业。文在寅政府还寻求利用软实力来提升韩国的国际地位。他的标志性外交政策，旨在扩大韩国与印度和东南亚国家关系的新南方政策，有助于整个东南亚地区成为韩国流行文化的最大市场之一。文在寅在 2018 年与朝鲜最高领导人金正恩举行首脑会谈时，还安排了红丝绒乐团（Red Velvet）、白智英等韩国流行音乐艺人在平壤演出。韩国政府还让防弹少年团（BTS）作为"后代和文化的特使"到联合国大会演讲，全世界有超过 100 万人收看了这次演讲。

这些政策带来了巨大的经济回报。2019 年，韩国出口了总值 123 亿美元的流行文化（1998 年仅为 1.89 亿美元）产品，包括电脑游戏、音乐巡演和化妆品。据统计，2017 年，韩国文化领域的就业人数增加到 644847 人，占全体劳动人口的 3%。防弹少年团本身就是经济驱动力。据现代研究所（Hyundai Research Institute）估计，该乐队每年在经济活动中产生约 35 亿美元的收入。2017 年，约 80 万名游客（约占韩国所有游客的 7%）因为对该团体感兴趣而前往韩国。

韩国软实力的提升也带来了其他一些重要的收益。世界各地的许多人都认为韩国很小，没有威胁性，而且越来越"酷"。尽管韩国对美国存在贸易顺差，但韩国的出口和投资并未引起美国人的强烈反对。三星、LG、起亚、现代等韩国企业已经成为美国日常生活中的一部分。盖洛普（Gallup）的一项民意调查发现，77%的美国人对韩国持正面看法，高于 2003 年的 46%。这比美国人对澳大利亚、法国、德国和英国等传统盟友的看法要积极得多，更不用说其他亚洲国家了。

软实力改变了韩国社会，韩国的年轻人更倾向于追求艺术和创意事业，而不是在大型企业集团里担任工薪职位。这种新的创业模式更适合于信息时代，并将帮助韩国加速从以重工业为核心的经济向专注于知识产权生产的转型。毕竟，创造力在信息技术领域和在艺术领域同样重要，尤其是在韩国公司开始与苹果、字母控股和亚马逊等充满活力的美国公司竞争之际。

韩国致力于推行"文化立国"战略，大力发展文化产业，凭借文化产品输出传播国家和民族形象。20 世纪末，韩国政府确立"文化立国"战略，相继出台了《国民政府的新文化政策》等一系列法律法规，为文化产业发展提供政策、资金、机构、人才培养等全方位支持，在韩国电视剧、电影、音乐、舞蹈、综艺节目等方面制造出大批优秀作品和耀眼明星，在世界掀起"韩流"热潮。以韩国电视剧为例，从十几年前的《冬日恋歌》《大长今》到近些年的《来自星星的你》《太阳的后裔》，从韩国传统的饮食、服饰、医药、礼仪，到现代高楼林立的繁华都市、充满朝气的年轻群体、体现责任与担当的国际维和，大量传统与现代的韩国元素被融合在制作精良、画面优美、情节引人入胜的影视作品中，一经出口往往收获众多国际上的粉丝，韩餐、韩服、韩妆、韩国旅游等相关韩国元素和活动受到热捧，传递了韩国动感、时尚、文明、责任与担当的国家形象。同时，韩国还非常注重文化遗产的保护和申请工作。2013 年 6 月，韩国将"新村运动记录"和"乱中日记"申请为联合国教科文组织世界记录遗产。

韩国民间组织和知名企业积极参与对外文化交流，助力国家形象传播。韩国国际亲善文化交流协会、韩国国际文化交流院、SK 高等教育财团等一大批韩国民间团体表现活跃，积极开展多种形式的国际文化交流活动，如韩中亲善协会、韩中文化协会、21 世纪韩中交流协会、韩中友好协会等韩国民间组织长期致力于中韩友好，其在中国开展的各项文化交流活动收到良好效果；又如韩国民间组织"未来林"（Future Forest）在中国内蒙古、宁夏、甘肃等地多年来植树造林，开展"绿色外交"，该组织原是由韩国前驻华大使权丙铉于 2001 年创办的韩中文化青少年协会（未来林），后成为韩国第一个获得联合国环境规划署认可的观察员身份的非政府组织，在为保护和改善中国生态环境贡献力量的同时，也收获了中国人民的友谊与认可，提升了中国人眼中的韩国国家形象。此外，韩国三星、LG、现代、乐天等大型企业集团和跨国公司在国际化的生产运作中，注重打造国际优质品牌和有社会责任感的企业形象，并积极参与对外文化交流，为韩国国家形象贴上了科技、创新、责任的醒目标签。

第四节　日本——"品质国家"战略
重塑国家形象

在近现代史上，最早实现工业现代化的西方国家是英国，而在东方，最先成为工业化国家的则是地处欧亚大陆东北端的日本。

日本国土面积仅 37 万多平方公里，不仅矿产贫乏，而且经常遭受地震、火山和台风的袭击。日本能在很短的时间内脱颖而出、后来居上，迅速具备足以同世界强国抗衡的实力，成为成功实现现代化目标的一个东方国家，值得世人认真思考和深入研究。

一、重塑国家形象

日本是中国两千年的近邻，步入近代以来，中国和日本都面临着西方列强的挑战，差不多同时开始了改革进程。在"二战"之后，日本从"二战"的废墟中崛起，很快成为世界上第二大经济体（后来被中国超越）。

1955～1973 年，日本国内生产总值年增长率达到 10%。1950～1970 年，日本国内生产总值增长了 20 倍。1968 年，日本超越西德成为世界第三大经济体。同时，日本成为世界上最强大的工业国。

日本是后发国家实现经济赶超的范例。与欧美等原发资本主义国家相比，日本似乎是一个更值得我们借鉴经验并吸取教训的重要案例。

"二战"以后，日本经历了比较完整的经济赶超历程，20 世纪 90 年代初期，日本人均 GDP 已达到美国的 80% 以上。但是在实现赶超之后，20 世纪 90 年代经济泡沫的破灭使其出现了长期经济停滞,即所谓的"失去的 20 年",随着经济泡沫的破灭,经济增速不足 1%。这其中有诸多经验和教训值得借鉴。"二战"后,日本带着沉重的"历史包袱",开始了重塑国家形象之路。以经济腾飞为物质基础,通过积极的媒体宣传、成功举办奥运会、开展动漫外交和援助外交等手段,大力实施和推进公共外交,在亚洲地区乃至全球范围成功塑造了较为正面的国际形象,又先后确立"文化立国"等战略,向外界展示了充满魅力的新日本形象。

二、实施"文化立国"战略

日本实施"文化立国"战略,构建官民并举的全方位文化传播网络体系。1995 年,日本文化政策推进会议向文化厅提交了《新文化立国——关于当前振兴文化的重要策略》报告,确立了面向 21 世纪的"文化立国"战略。随后,日本又先后出台《文化立国 21 计划》《文化振兴总体规划——为了实现文化立国》《文化艺术振兴基本法》《关于文化艺术振兴的基本方针》等一系列法律政策方针,将"文化立国"战略全面贯彻执行开来。在中央层面,日本外务省、总务省、文化厅、观光厅等机构负责制定"文化立国"战略的具体实施方针、编制和审核相关财务预算、提供行政督导及必要的财政支持。在地方层面,通过遍布各都道府县市町村各级的文化交流单位,以及各类社会组织、公益团体、企业财团乃至公民个人等,日本全方位开展民间对外文化交流与互动,形成了官民一体、跨行跨界、举全国之力的全方位文化传播网络体系,助力日本国家形象的推广和传播。

日本还借助其庞大的传媒系统开展国际传播,推广国家形象。日本是传媒业大国,传媒业的发达和先进性体现在社会的各个方面。近年来,随着社交网络的迅速普及,以及智能移动设备与移动互联网的高度发达,各种媒介形式在竞争中不断发展、完善、相互交织,支撑着日本庞大的传媒系统。以日本对外舆论宣传的主要机构日本广播协会（NHK）为例，1995 年，NHK 就开始了面向北美、欧洲的电视海外播出，2001 年 8 月又扩展到之前一直无法收看的非洲南部地区。如今，NHK World TV 全英文频道等日本对外媒体在政府的大力支持下，全天候地向海外播送日本国产的纯英文节目，主要包括新闻、时事、纪录片、商务、文化和科技、生活、艺术、音乐、旅游等各领域的电视新闻节目。借助这些传播平台，日本着力将自己打造成"亚洲发言人"的国际形象。

此外，NHK 还在国际上开展形式多样的文化活动，并在技术和节目制作领域积极开展国际合作，如举办"NHK 音乐节""NHK 杯国际花样滑冰锦标赛""NHK 亚洲电影节""NHK 国际电影工作者奖""日本奖"等国际性活动和赛事，不仅提升了 NHK 自身的影响力和公信力，也为日本的国际形象和文化影响力加分不少。

日本素有"动漫王国"之称，是全球最大的动漫制作和出口国。日本善于利用动漫外交，开展"酷日本"形象传播。日本动漫制作精良，画面优美，形式和内容十分丰富，成功塑造出铁臂阿童木、花仙子、奥特曼、哆啦 A 梦、樱桃小丸子、柯南、路飞等经典漫画形象，在世界各地的各个年龄段人群中都拥有大量粉丝。2006 年，日本外相麻生太郎发表题为《文化外交新设想》的演讲，正式提出了动漫外交，其本人也成为动漫外交的积极推动者。此后，日本通过创立"国际漫画奖"、打造"动漫文化大使"、任命"流行文化信使"、举办"世界动漫角色扮演峰会""东京动漫节""日本大展会"等国际性活动形式，积极实施动漫外交。日本动漫糅合了日本料理、和服、歌舞伎、茶道、剑道、柔道等特征鲜明的传统文化元素，并与日本现代文化、生活方式相结合，塑造出"酷日本"形象，突出人与自然的和谐、责任与担当、和平与发展、公平与正义等人类共同价值理念和情感，拉近了日本同世界的距离。动漫外交不仅为日本带来巨大的经济效益，也将日本的自然风光、风土民情、价值理念等传递出去，在增强日本文化软实力的同时，成功树立了"酷日本"国家形象。

三、推行"观光立国"战略

此外,日本还推行"观光立国"战略,以旅游打造日本品牌。2003年,日本提出《观光立国行动计划》,正式确立"观光立国"战略;2007年,日本《观光立国推进基本法》正式实施;2008年,日本观光厅正式成立;2014年,日本实现了55年来第一次入境旅游收入超过日本人出境旅游;2015年,访日外国游客突破1900万人。日本"观光立国"战略已见成效,通过旅游打造"日本品牌"成为树立日本国家新形象的重要手段。一是在世界各地重点实施日本品牌营销战略,通过各种渠道向外国游客大力宣传能够提升日本国家形象的各种日本元素(如日本动漫、日本制造的知名商品、日本美食、自然风景以及日本时尚等),吸引外国游客访问日本。二是重视开发优质旅游资源,尤其注重申报世界遗产的工作。2013年,日本的富士山成功列入世界文化遗产名录,成为日本第17个世界遗产(其中13个世界文化遗产、4个世界自然遗产)。三是大力发展国际会展旅游,借此提高在会议主题领域的国际地位,传播良好的国家形象,并提振会议举办地区的住宿、餐饮、交通等服务业。

通过实施"观光立国"战略,日本推动了世界各国尤其是亚洲近邻国家游客访日,使他们充分体验到了日本人与自然和谐发展、传统与现代和谐共存、产业与文化和谐发展以及东方文化与西方文化交流等日本魅力,进而树立日本国家的美好形象。

此外,日本还以雄厚的经济实力为基础积极开展海外援助,在东南亚、阿拉伯地区以及非洲拉美地区的经济援助都取得了较好的效果。同时开展富有成效的环境外交,不断提升在全球治理中的国际贡献度,为树立全球性大国形象不断加分。

第五节　英国——"非凡英国"计划
提升国家形象

大不列颠及北爱尔兰联合王国，简称"英国"，这个领土面积仅有 24.41 万平方公里的大西洋岛国，在世界近代历史上却占有着非常重要的地位。在这里，瓦特发明的蒸汽机开始轰隆作响；在这里，亚当·斯密笔下"看不见的手"开始搅动世界经济风云；在这里，牛顿家后院坠地的苹果牵引出人类智慧史上最伟大的成就。从 20 世纪 90 年代开始，英国政府开始通过全球营销、文体创意、人文熏陶等方式推广"酷不列颠"与"非凡英国"，让人们感受到英国在保守与理性背后的宽容和随性，英国人呆板与沉闷里隐藏的幽默和热情。①

一、打造"非凡英国"国家品牌

安娜可·艾利维斯是英国一家知名广告公司 BMP 的主管，1994 年由她主持策划的研究报告中指出，国家品牌营销已经在世界范围内兴起，一个国家的国旗就可以作为国家商标，一国所进行的文化输出活动就可以被视为大型的广告推广活动。这份报告的观点随着 1997 年新任首相布莱尔的执政而被公众所知晓，并逐渐成为新政府打造"酷不列颠"国家品牌的理论基础。这一国家品牌营销行动得到各政党与各级政府的广泛响应与支持，至 2012 年已经由单纯打造国家品牌升级为长期的、全球性的国家形象推广计划。

2011 年 9 月 21 日，时任英国首相戴维·卡梅伦在纽约证券交易所宣布发起

---

① 丑则静. 从"大不列颠"到"酷不列颠"［N］. 学习时报，2016-10-06（02）.

"非凡英国"计划。"非凡英国"计划可谓是一项国家形象工程,由英国外交与联邦事务部、英国贸易投资总署、内阁办公厅,英国商业、创新与技术部(BIS),英国文化协会、英国国家旅游局以及私有领域合作关系共同实施,旨在向世界展现英国在企业、知识、创造力、文化、环境保护、音乐、语言、文化遗产、乡村、运动、创新、购物等方面的优势,并以各个优势为主题设计相应的宣传方案和活动。随着计划推进,越来越多英国独有的文化元素得以挖掘,增添到"非凡英国"的整个计划中,吸引了各国人民到英国学习、旅游和从事商业活动。计划的重点推介对象是 9 个国家——澳大利亚、巴西、加拿大、中国、法国、德国、印度、日本和美国的 14 个城市。[①]

时值英国经历了城市暴乱、经济持续低迷,有评论指出,卡梅伦在竞选保守党领袖以及 2010 年大选中曾让英国社会"破败不堪",这与在世界范围宣传"非凡英国"互相矛盾。也有观点认为,在经历了金融危机后,英国面临着"身份危机",在这种情况下发起国家形象计划是"可理解的"。

2012 年 2 月,英国有史以来最雄心勃勃的一揽子国家形象推广计划正式启动,致力于通过"全角度、多主体、精目标"的方式,来打造"非凡英国"的国家品牌。第一,为凸显英国国家形象的丰富性,"非凡英国"对本国最具吸引力的文化、遗产、乡村、音乐、体育等内容进行了充分的挖掘,形成"文化是非凡的""知识是非凡的""绿色是非凡的"等多个子推介项目。第二,为保证计划的顺利实施,英国外交及联邦事务部、英国贸易和投资总署、英国旅游局主导策划,政府财政大力支持,同时吸收商业、创新与技能部、文化协会等多家机构和单位广泛参与。第三,"非凡英国"计划制定了相应的重点推介对象国与对象城市,通过传统的广告与新兴的社交媒体平台等方式,确保了"受众面广"与"点击量高"的良好宣传效果。

---

① 王乐,张鹏. 英国国家形象品牌推广案例:"非凡英国"计划 [J]. 公共外交季刊,2017(1):100-105+139.

英国王室也是打造"非凡英国"国家品牌的重要形象资源。王室成员积极促进公益事业的发展，传递幸福、勇气等被英国人普遍信奉的价值观；伊丽莎白女王等王室成员纷纷开通 Facebook，以亲民、开放的方式与民众进行沟通交流。卡梅伦政府时期的文化大臣贾维德就曾指出，女王无疑是英国最佳的形象大使。

"非凡英国"计划调动媒体的方式主要包括三种：一是社交媒体平台。通过 Facebook、Twitter、YouTube、Flicker 等热门社交媒体平台进行宣传，在中国利用英国旅游局、英国驻华使馆、英国大使馆文化教育处（英国文化协会）等机构的官方微信、微博、豆瓣公众号等发展线上线下活动。二是网站平台。建立了全球官方网站，实时更新活动信息，还与雅虎公司结为全球战略伙伴，以保证英国的信息至少被观看 500 万次，官方网站获得 350 万次的点击量。在中国，新浪、京华网、腾讯大申网、环球网、中国日报网都曾对相关活动进行大力报道，并在爱奇艺、搜狐视频等发布宣传视频。三是户外媒体。"非凡英国"的海报宣传出现在印度的出租车，纽约、多伦多等地的火车和火车站，东京、北京、上海的地铁站，墨尔本、悉尼、柏林等地的户外。"英国等你来命名"活动启动了系列活动品牌海报和户外营销活动，向中国消费者介绍英国美景趣事，鼓励大众参与活动、投票互动。①

二、创意产业塑造英国风情文化

作为全球第一个提出"创意产业"概念的国家，英国创意产业的发展和英国创意阶层的崛起促使其由老牌的"世界工厂"转型成为"世界创意中心"，并成功实现了经济发展模式的升级，牢牢占据世界创意产业的制高点。英国积极推进其"非凡英国"计划，试图打造"酷不列颠"新国家形象，昭示其充满活力

---

① 王乐，张鹏. 英国国家形象品牌推广案例："非凡英国"计划 [J]. 公共外交季刊, 2017 (1)：100-105+139.

与希望的新英国形象。

文化创意产业是一种智力密集型产业，靠创造力发展，知识积累和专业化的人力资本起着决定性的作用。

英国学者约翰·霍金斯是创意经济领域的大师，在其代表作《创意经济：如何点石成金》一书中，对创意经济这一新经济现象作出了全面的分析，提出"创意经济每天会创造出220亿美元的产值，并以5%的速度递增"。当文化与创意产业相结合，所创造出的产品便被赋予了精神气质，随着这种产品走出国门，无疑将成为宣传一国国家形象与文化的最佳名片。

自20世纪90年代初英国政府率先将创意产业作为本国经济发展的支柱产业，经过多年努力，目前英国文化创意产业在管理上趋于完善，在管理机制上，中央、地方、非政府的公共文化执行机构三级联动；在管理模式上，以"一臂之距"的原则进行政府对文化拨款的间接管理；在投资倾向上，英国政府在文化领域的投资具有鲜明的公益性与前瞻性特征。正是由于政府与民间的通力配合与协调联动，英国目前已稳居世界文化创意产业强国之列，每年向世界输送无数精彩纷呈的文化产品。

"人类文学奥林匹斯山上的宙斯"英国戏剧家威廉·莎士比亚，他和他的戏剧是英国古典文学的代表。莎士比亚戏剧文化旅游一直以来是英国最重要的文化旅游产品之一，2013年起，每年大约有200万的国内旅游者和100万的入境游客走访莎士比亚环球剧院、莎翁故居等与莎士比亚戏剧相关的文化景点。在体育领域，伦敦也利用第三次举办奥运会的机会，将富含英国元素的各种文化产品融入奥运会的各个环节之中，使伦敦奥运会本身成为一个"英国制造"的文化创意产品。例如，伦敦奥运会开幕式上的创意灵感直接来自莎士比亚的戏剧《暴风雨》，以戏剧的方式将"英国制造"、英式幽默、披头士、哈利波特等英国文化符号集中展现，打造了一幅专属于英国的文化地图。

英国网络电影节更是将电影向旅游跨界演绎得淋漓尽致。电影节期间，英方主页面与维珍航空订票页面融为一体。左边大半部分是电影节信息及栏目标题，右边则可直接填写订机票信息，左上角即有"开启你的英国之旅"的邀请语。"大片带您游英国"栏目如此煽情开场："这里有大侦探福尔摩斯的家，充满传奇色彩的'唐顿庄园'，安娜和威廉爱意萌生的小书屋，詹姆斯·邦德的冒险之地，以及哈利·波特的魔法世界！跟随你最喜爱的影视剧来到英国，展开一场精彩非凡的旅程吧！"在图片和实景比对的高度吻合中，又让人们不得不感慨英国古迹受到的良好保护，激起了人们想要探访实地的愿望。

英国在文化、媒体、艺术和娱乐业等方面重视原创和积累，并有着几百年的宝贵经验。被称为"创意产业之父"的约翰·霍金斯教授称，直到20世纪90年代中期，我们才意识到这种优势应该发挥作用。他认为，文化创意产业之所以在英国大获成功，除了从莎士比亚时代就开始积累的原创精神外，还有很多现实因素。创意产业因投资少、见效快、利润高而著称。

创意产业作为现代知识经济时代的产物，开发创意的最佳载体就是数字化平台。

文化与科技的融合造就了英国创意产业的核心增长极。2009年发布的《数字英国》报告中明确提出，要在数字时代将英国打造成全球创意产业中心。英国游戏制作公司Core Design设计制作的"古墓奇兵"系列游戏，自1996年首度发行开始，至今已销售数百万套。游戏女主角萝拉作为一个现实生活中不存在的人物，在好莱坞有专属的经纪公司，并已经开始代言各类商业广告。数字科技与传统英国文化的有机融合，从英国本土起步引爆了众多的全球知名商业传奇。

英国创意产业把创新当作核心，突出个人的核心素质，如创新能力、观念、灵感、技巧等，并依照参加人员的数量、产生的经济价值的多少、原创能力的大小等标准，把创意产业进行了分类，分成了13个行业，分别是：广告、建筑、艺术品及古玩市场、设计、时装设计、工艺品、休闲软件、电影和录像、音乐、表演、电视广播、出版、软件开发和电脑服务，在一定意义上与我国文化创意产业分类等同。

毋庸置疑，科技已成为影响当今文化创意产业发展的重要因素。各类"新兴媒体"，融声、像、图、文为一体，还挟其信息传播的高度实时性、参与性和交互性等，既丰富了信息内容，也使信息需求者可以更深入和有选择地享受信息服务，并有效介入媒体生产，诞生大量"自媒体"，以社交功能实现其传播的"社会化媒体"。

三、传播英伦特色生活方式

英国高等教育已有近 900 年历史，培养出超过百位诺贝尔奖得主，世界排名前 100 的大学有将近 20 所位于英国，优质大学区域密度位列全球第一。英国是现代高等教育起步和发展历史最悠久的国家之一。时至今日，英国高等教育仍以其特有的质量管理和治理模式在欧洲乃至世界享有盛名。

罗宾斯勋爵曾在 20 世纪 60 年代初任英国高等教育委员会的主席，负责主持起草英国高等教育前景规划。1963 年，英国高等教育委员会发布了《罗宾斯报告》，由此打开了本土学生赴国外留学的大门，也开始招收来自欧洲、亚洲、非洲等非英联邦国家的学生。该项政策的直接目的是通过放宽留学政策与资助外国留学生等方式继续保持英国在第三世界的影响力。随着外国留学生的到来，英国先进的科学技术知识、缜密的思维与行为方式和独特的英式生活与价值观念，都"成为涂抹在留英学生身上的油彩，打上了永远也消除不了的烙印，其深远的文化影响是难以估量的"。

英国作为高等教育的故乡，拥有着世界范围内最优质的教育资源；英国也曾长期主导全球科研的脉搏，不断向世界输送"领导力"。在 20 世纪末，高等教育国际化已成为不可逆转的国际潮流，继《罗宾斯报告》开启英国教育全额收费时期后，1999 年，布莱尔政府又推出了"国际教育首相倡议计划"，积极重塑英国教育的结构，开启了英国教育国际化的国家战略时代。经过 10 多年的发展改进，辅以保护性、限制性以及差异化措施与一系列商业性教育机构，首相倡议计划已完成数期，在教育、经济、政治等领域成效显著。

英国的大学教育是英国对世界最独特的贡献之一，据统计，世界上 1/7 的国家元首曾经在英国接受过高等教育，非英籍诺贝尔奖得主中有 13%曾经学习或供职于英国高校。可以说，英国每年吸引了大量来自全球各领域的杰出人才，有效地拓展了英国在全球的影响力，也提升着英国文化与生活方式的吸引力。以英国首都伦敦为例，在这座世界知名的国际大都会里，帝国理工大学、伦敦大学学院等 20 余所世界级名校汇聚，而所有就读、访问、工作于此的各国学者无不留恋于博物馆区，去大英博物馆探寻埃及罗塞塔石牌；漫步于泰晤士河边，享受一份英式下午茶；去拜访福尔摩斯博物馆，抑或在披头士曾走过的艾比路上留一张合影；在周末的傍晚走进一家小酒馆与当地人畅聊，去感受英式幽默的独特魅力。所有这些都潜移默化地熏陶与培养着曾在这里留下足迹的年轻人，也正因为如此，英国高等教育已成为英国国家"软实力"的关键组成部分。

四、塑造"非凡"理念，强化受众参与

"非凡英国"利用图片、视频等视觉辅助，加强宣传效果，除了大量海报设计外，其网站的设计也充分体现这一特点。网站围绕创新、教育、设计等主题制作的相关视频吸引了诸多眼球，访客点击影像便可欣赏相关视频，辅以重要活动宣传图片以及子计划的宣传设计，内容丰富而有条理，以图片、视频包裹内容，吸引访客进一步点击。但详细内容的文字阅读量小，即便首页中介绍文字较多的活动如"2016 永恒的莎士比亚"，字数也不超过 100 个词。

此外，其官网围绕主题选择具有质感、独具匠心的素材，突出表现精良的制作和创造过程，塑造出高品质、高水准的形象。例如，网站展示了"非凡英国"

计划合作伙伴之一的英国汽车公司阿斯顿·马丁牌跑车的制作过程、工艺细节，公司高层、设计者的说法，结合视频画面和音乐，以利于观众接收的方式呈现出来，以事实支撑品牌，以品质营造说服力。①

"非凡英国"计划在社交媒体平台发起粉丝互动推动活动宣传，如微博转发评论赢取奖品、微信评论获取现场活动资格等。以"英国等你来命名"活动为例，参与者可以通过网站或社交媒体直接参与互动。在活动网站上，人们可以了解 101 个英国美景趣事的历史渊源和文化趣闻、听原名发音，并提交中文名、点"赞"和分享。获得"赞"最多的名字将赢得大奖。这一创意还鼓励中国游客在活动期间直接动身前往英国，体验当地风景及文化，并在英国旅游局的中文社交媒体平台（微信和微博）上发布照片，在旅行中随手命名。英国旅游局全球市场总监杨博路（Joss Croft）曾表示，中国消费者是整个传播营销活动的核心。活动以每一个社交平台的用户为中心，通过社交平台的互动激发中国消费者对"英国等你来命名"这一话题和英国的关注与讨论，促使人们更多地去了解英国。从 2014 年 12 月至 2015 年 2 月，该活动触及了约 3 亿潜在中国消费者，其中超过 200 万人访问了活动页面，大约 3000 万人观看了活动视频，活动网站收到了近 1.3 万个中文名。

"非凡英国"充分利用各行各业具有一定影响力的个人和事件为"非凡英国"代言。官方网站的"活动大使"板块邀请不同行业的精英、著名歌手以及文艺工作者通过对话、工作中的互动表现英国在创意、文化、工艺、商业等方面深厚的积淀和远大前景，显示出英国世界领先的学习、旅游和商业发展氛围。

在"英国等你来命名"活动中，前英国驻华大使吴思田，明星胡歌、秦海璐、林依轮，主持人李晨，作家马伯庸等名人为九大主题代言，在微博上推荐和点评精彩命名。英国皇室也成为宣传计划的重要力量。2015 年 3 月 2 日，剑桥公

① 王乐，张鹏．英国国家形象品牌推广案例："非凡英国"计划［J］．公共外交季刊，2017（1）：100-105+139．

爵威廉王子在上海徐汇滨江的龙美术馆为"非凡英国"系列活动之"创意英伦"盛典揭幕，这一活动旨在展现英国在全球商业化创意产业领域的国际领先地位和成就。

"非凡英国"计划围绕"非凡"的这一重要概念、结合英国的文化优势，设计出一系列代表英国国家形象的主题，通过国家机构与互联网、公关公司的持续合作，深入挖掘国家形象潜力，并借助媒体平台和名人效应，塑造丰富的活动内容和视觉影像，以增强公众良好的体验，塑造国家良好的形象。在此过程中，国家机构、媒体、名人、大众等各个主体紧密联结在一起，形成了一个积极的、互动的网络，不断强化英国文化的影响力。2015 年 7 月，由英国旅游局主办、奥美中国策划的"英国等你来命名"活动，荣获"广告界奥斯卡"戛纳创意节 2015 金狮奖，这充分肯定了"非凡英国"计划作为国家形象宣传和国家营销计划的"非凡"成就！

参考文献

----

［1］Boulding K E. The Image：Knowledge in Life and Society ［M］. Ann Arbor：University of Michigan Press，1956.

［2］Scott W. Psychological and Social Correlates of International Images，in H. C. Kelman ed.，International Behavior：A Socio-Psychological Analysis ［M］. New York：Holt，Rinehart & Winston，1965.

［3］安德烈·冈德·弗兰克. 依附性积累与不发达 ［M］. 高铦，高戈，译. 南京：凤凰出版传媒集团，译林出版社，1999.

［4］保罗·肯尼迪. 大国的兴衰 ［M］. 北京：北京国际文化出版公司，2006.

［5］蔡昉，马丁·雅克，王灵桂. "一带一路"手册 ［M］. 北京：中国社会科学出版社，2021.

［6］蔡昉等. 中国式现代化 ［M］. 北京：中信出版集团，2023.

［7］陈国明. 跨文化交际学 ［M］. 上海：华东师范大学出版社，2009.

［8］陈昊苏，张胜军. 民间外交与大国崛起 ［M］. 南京：凤凰出版社，2011.

［9］陈燕. 境外媒体涉华舆论年度分析报告（2004—2013）［M］. 北京：外文出版社，2014.

［10］程曼丽. 大众传播与国家形象塑造 ［J］. 国际新闻界，2007（3）：

5-10.

[11] 程曼丽. 国际传播学教程 ［M］. 北京：北京大学出版社，2006.

[12] 程毅. 跨世纪的世界格局和中国 ［M］. 武汉：华中师范大学出版社，1999.

[13] 崔保国. 中国传媒产业发展报告 ［M］. 北京：社会科学文献出版社，2006.

[14] 大卫·哈维. 新自由主义简史 ［M］. 上海：上海译文出版社，2010.

[15] 大卫·麦克里兰. 意识形态（第二版）［M］. 孙兆政，等译. 长春：吉林人民出版社，2005.

[16] 戴立兴，李琪，张亚娟. 坚定"四个自信"［M］. 北京：人民日报出版社，2019.

[17] 戴维·米勒，韦农·波格丹诺. 布莱克维尔政治学百科全书 ［M］. 邓正来，译. 北京：中国政法大学出版社，1992.

[18] 戴维·伊斯顿. 政治生活的系统分析 ［M］. 王浦劬，译. 北京：华夏出版社，1999.

[19] 丹尼斯·麦奎尔. 受众分析 ［M］. 刘燕南，等译. 北京：中国人民大学出版社，2006.

[20] 单波，刘欣雅. 国家形象建构与国家公共关系与跨文化传播 ［M］. 北京：社会科学文献出版社，2017.

[21] 董向荣，王晓玲，李永春. 韩国人心目中的中国形象 ［M］. 北京：社会科学文献出版社，2012.

[22] 董彦峰. 坎坷的强国之路 ［M］. 北京：经济管理出版社，2016.

[23] 段鹏. 国家形象建构中的传播策略 ［M］. 北京：中国传媒大学出版社，2007.

[24] 对外传播中的国家形象设计项目组. 对外传播中的国家形象设计

［M］．北京：外文出版社，2012．

　　［25］对外传播中的国家形象设计项目组．对外传播中的国家形象设计［M］．北京：外文出版社，2012．

　　［26］冯绍雷．制度变迁与对外关系——1992 年以来的俄罗斯［M］．上海：上海人民出版社，1997．

　　［27］冯特君，宋新宁．国际政治概论［M］．北京：中国人民大学出版社，1992．

　　［28］高波．政府传播论［M］．北京：中国传媒大学出版社，2008．

　　［29］高清海．马克思主义哲学基础［M］．北京：人民出版社，1985．

　　［30］贡德·弗兰克．白银资本——重视经济全球化中的东方［M］．刘北成，译．北京：中央编译出版社，2008．

　　［31］管文虎．国家形象论［M］．成都：电子科技大学出版社，2000．

　　［32］郭可．国际传播学导论［M］．上海：复旦大学出版社，2005．

　　［33］郭树勇．大国成长的逻辑：西方大国崛起的国际政治社会学分析［M］．北京：北京大学出版社，2006．

　　［34］哈罗德·伊罗生．美国的中国形象［M］．北京：中华书局，2006．

　　［35］汉斯·摩根索．国家间政治：为了权力与和平的斗争［M］．李晖，孙芳，译．海口：海南出版社，2008．

　　［36］汉斯·摩根索．国家间政治——寻求权力与和平的斗争［M］．北京：中国人民公安大学出版社，1990．

　　［37］何德功．倾听中国——新冷战与未来谋略［M］．广州：广东人民出版社，1997．

　　［38］何辉，刘朋．新传媒环境中国家形象的构建与传播［M］．北京：外交出版社，2008．

　　［39］亨利·基辛格．大外交［M］．顾淑馨，林添贵，译．海口：海南出版

社，1998.

[40] 洪兵. 国家利益论 [M]. 北京：军事科学出版社，1999.

[41] 胡晓明. 国家形象：探究中国国家形象构建新战略 [M]. 北京：人民出版社，2011.

[42] 胡正荣，李继东. 全球传媒发展报告（2016～2017）[M]. 北京：社会科学文献出版社，2017.

[43] 杰里尔·A. 罗赛蒂. 美国对外政策的政治学 [M]. 周启明，等译. 北京：世界知识出版社，1996.

[44] 金熙德. 21 世纪初的日本政治与外交 [M]. 北京：世界知识出版社，2006.

[45] 金应忠，倪世雄. 国际关系理论比较研究 [M]. 北京：中国社会科学出版社，1992.

[46] 荆学民. 当代中国社会信仰论 [M]. 北京：人民出版社，2008.

[47] 柯惠新，王兰柱. 媒介与奥运——一个传播效果的实证研究 [M]. 北京：中国传媒大学出版社，2010.

[48] 李宝俊. 当代中国外交概论 [M]. 北京：中国人民大学出版社，1999.

[49] 李德顺. 价值论 [M]. 北京：中国人民大学出版社，1987.

[50] 李惠斌. 全球化与公民社会 [M]. 桂林：广西师范大学出版社，2003.

[51] 李彦冰. 政治传播视野中的中国国家形象构建 [M]. 北京：中国社会科学出版社，2014.

[52] 李正国. 国家形象构建 [M]. 北京：中国传媒大学出版社，2006.

[53] 理查德·尼斯贝特. 思维的版图 [M]. 李秀霞，译. 北京：中信出版社，2006.

[54] 梁琳. 扩大开放与中国国际地位提升研究 [M]. 北京：中国社会科学

出版社，2021.

［55］林毅夫，王贤青.读懂中国式现代化：科学内涵与发展路径［M］.北京：中信出版集团，2023.

［56］刘继南，何辉.中国形象——中国国家形象的国际传播现状与对策［M］.北京：中国传媒大学出版社，2006.

［57］刘继南.国际传播与国家形象［M］.北京：北京广播学院出版社，2002.

［58］刘康.文化·传媒·全球化［M］.南京：南京大学出版社，2006.

［59］刘明.当代中国国家形象定位与传播［M］.北京：外文出版社,2007.

［60］刘小燕.政府对外传播［M］.北京：中国大百科全书出版社，2010.

［61］刘晓程.国家形象建构与国家公共关系研究［M］.武汉：华中科技大学出版社，2020.

［62］刘政.强势营销［M］.北京：中国财富出版社，2013.

［63］卢梭.社会契约论［M］.李平沤，译.北京：商务印书馆，1997.

［64］罗伯特·D.卡普兰.即将到来的地缘战争［M］.涵朴，译.广州：广东人民出版社，2013.

［65］罗伯特·福特纳.国际传播——全球都市的历史、冲突及控制［M］.刘立群，译.北京：华夏出版社，2000.

［66］罗伯特·基欧汉，约瑟夫·奈.权力与相互依赖——转变中的世界政治［M］.门洪华，译.北京：中国人民公安大学出版社，1992.

［67］罗伯特·基欧汉.霸权之后：世界政治经济中的合作与纷争（增订版）［M］.苏长和，信强，何曜，译.上海：上海人民出版社，2011.

［68］罗伯特·吉尔平.世界政治中的战争与变革［M］.宋新宁，杜建平，译.北京：中国人民大学出版社，1994.

［69］罗杰·菲德勒.媒介形态变化——认识新媒介［M］.明安香，译.北

京：华夏出版社，2000.

[70] 洛克．政府论 [M]．瞿菊农，叶启芳，译．北京：商务印书馆，1964.

[71] 马克·波斯特．第二媒介时代 [M]．范静哗，译．南京：南京大学出版社，2005.

[72] 马克思．1844 年经济学哲学手稿 [M]．北京：人民出版社，2000.

[73] 马诗远．国际旅游传播中的国家形象研究 [M]．北京：光明出版社，2010.

[74] 迈克尔·帕伦蒂．美国的新闻自由 [M]．郑州：河南人民出版社，1992.

[75] 门洪华．构建中国大战略的框架：国家实力、战略观念与国际制度（第二版）[M]．北京：北京大学出版社，2017.

[76] 诺姆·乔姆斯基．霸权还是生存 [M]．张鲲，译．上海：上海译文出版社，2006.

[77] 裴坚章．研究周恩来——外交思想与实践 [M]．北京：世界知识出版社，1989.

[78] 彭伟步．信息时代政府形象传播 [M]．北京：社会科学文献出版社，2005.

[79] 齐格蒙特·鲍曼．共同体 [M]．欧阳景根，译．南京：江苏人民出版社，2003.

[80] 乔舒亚·库珀·雷默．中国形象：外国学者眼里的中国 [M]．沈晓雷，译．北京：社会科学文献出版社，2006.

[81] 塞缪尔·P. 亨廷顿．变化社会中的政治秩序 [M]．王冠华，刘为，译．上海：上海人民出版社，2008.

[82] 塞缪尔·亨廷顿．文明的冲突和世界秩序的重建 [M]．周琪，刘绯，张立平，王圆，译．北京：新华出版社，2010.

［83］塞缪尔·亨廷顿．文明的冲突与世界秩序的重建［M］．周琪，等，译．北京：新华出版社，1998.

［84］沈苏儒．对外传播的理论与实践［M］．北京：五洲传播出版社，2004.

［85］孙叔林．当代亚太政治［M］．北京：世界知识出版社，2002.

［86］孙淑民．新中国民间外交研究［M］．北京：中国经济出版社，2011.

［87］孙英春．跨文化传播学导论［M］．北京：北京大学出版社，2008.

［88］孙有中．国家形象的内涵及其功能［J］．国际论坛，2002（3）：14-21.

［89］特奥托尼奥·多斯桑托斯．帝国主义与依附［M］．北京：社会科学文献出版社，1999.

［90］田智辉．新媒体环境下的国际传播［M］．北京：中国传媒大学出版社，2011.

［91］汪晖．别求新声——汪晖访谈录［M］．北京：北京大学出版社，2009.

［92］王庚年．新媒体国际传播研究［M］．北京：中国国际广播出版社，2012.

［93］王缉思．文明与国际政治［M］．上海：上海人民出版社，1995.

［94］王杰，张海滨，张志洲．全球治理中的国际非政府组织［M］．北京：北京大学出版社，2004.

［95］王绍光．多元与统一——第三部门国际比较研究［M］．杭州：浙江人民出版社，1999.

［96］王玮．美国对亚太政策的演变［M］．济南：山东人民出版社，1995.

［97］王逸舟．当代国际政治析论［M］．上海：上海人民出版社，1995.

［98］王逸舟．西方国际政治学——历史与理论［M］．上海：上海人民出版

社，1998.

[99] 王正毅 . 世界体系与国家兴衰 [M]. 北京：北京大学出版社，2006.

[100] 王仲全 . 当代中日民间友好交流 [M]. 北京：世界知识出版社，2008.

[101] 王众一，朴光海 . 日本韩国国家形象的塑造与形成 [M]. 北京：外文出版社，2007.

[102] 沃尔特·李普曼 . 公众舆论 [M]. 阎克文，译 . 上海：上海人民出版社，2006.

[103] 沃勒斯坦 . 否思社会科学——19 世纪范式的局限 [M]. 北京：三联书店，2008.

[104] 吴友富 . 中国国家形象的塑造和传播 [M]. 上海：复旦大学出版社，2009.

[105] 西摩·马丁·李普塞特 . 政治人：政治的社会基础 [M]. 张绍宗，译 . 上海：上海人民出版社，1997.

[106] 新华社新媒体中心 . 中国新兴媒体融合发展报告（2014—2015）[M]. 北京：新华出版社，2015.

[107] 星野昭吉 . 全球化时代的世界政治——世界政治的行为主体与结构 [M]. 刘小林，梁云祥，译 . 北京：社会科学文献出版社，2004.

[108] 徐小鸽 . 国际新闻传播中的国家形象问题 [J]. 新闻与传播研究，1996（2）：35-45.

[109] 许木松 . 国家营销：新加坡国家品牌之道 [M]. 赵鲲，译 . 杭州：浙江人民出版社，2012.

[110] 亚历山大·温特 . 国际政治的社会理论 [M]. 秦亚青，译 . 上海：上海人民出版社，2008.

[111] 阎学通 . 中国国家利益分析 [M]. 天津：天津人民出版社，1996.

[112] 杨伟芬. 渗透与互动——广播电视与国际关系 [M]. 北京：北京广播学院出版社，2000.

[113] 叶自成. 地缘政治与中国外交 [M]. 北京：北京出版社，1998.

[114] 叶自成. 新中国外交思想：从毛泽东到邓小平 [M]. 北京：北京大学出版社，2001.

[115] 仪名海. 读懂外交语言 [M]. 北京：清华大学出版社，2021.

[116] 虞崇胜. 政治文明论 [M]. 武汉：武汉大学出版社，2003.

[117] 袁祖社. 权力与自由 [M]. 北京：中国社会科学出版社，2003.

[118] 约翰·米尔斯海默. 大国政治的悲剧 [M]. 王义桅，唐小松，译. 上海：上海世纪出版集团，2008.

[119] 约翰·诺尔贝格. 为全球化申辩 [M]. 姚中秋，陈海威，译. 北京：社会科学文献出版社，2008.

[120] 约瑟夫·奈. 软实力：权力，从硬实力到软实力 [M]. 马娟娟，译. 北京：中信出版社，2013.

[121] 詹姆斯·罗西瑙. 没有政府的治理 [M]. 张胜军，刘小林，等译. 南昌：江西人民出版社，2001.

[122] 张长明. 让世界了解中国——电视对外传播 40 年 [M]. 北京：海洋出版社，1999.

[123] 张楠. 新时代中国国家形象传播研究 [M]. 北京：中国社会科学出版社，2020.

[124] 张旭东. 全球化时代的文化认同——西方普遍主义话语的历史批判 [M]. 北京：北京大学出版社，2005.

[125] 赵刚，肖观. 国家软实力：超越经济和军事的第三种力量 [M]. 北京：新世界出版社，2010.

[126] 赵可金，孙鸿. 政治营销学导论 [M]. 上海：复旦大学出版社，

2008.

［127］周宁.天朝遥远——西方的中国形象研究［M］.北京：北京大学出版社，2006.

［128］朱玲.韩国公共外交对国家形象的塑造［D］.上海师范大学硕士学位论文，2014.

［129］兹·布热津斯基.大失控与大混乱［M］.潘嘉玢，刘瑞祥，译.北京：中国社会科学出版社，1994.

［130］兹·布热津斯基.运筹帷幄——指导美苏争夺的地缘战略构想［M］.刘瑞祥，潘嘉玢，译.北京：译林出版社，1989.